Editorial

Dietlind von Laßberg, Vorstand des Studienkreises für Tourismus und Entwicklung e.V.

Land und Leute kennenzulernen – das war für Adel und Bildungsbürgertum einst der Hauptgrund, aufzubrechen und die fremde, weite Welt zu bereisen. Das Unterwegssein war nur wenigen vorbehalten, es war mühsam und zeitaufwendig. Man hatte häufig schon vor Reiseantritt Kontakte zu seinesgleichen im Ausland. Man wollte sie besuchen, gemeinsam etwas unternehmen und voneinander lernen.

Inzwischen ist das Reisen demokratisiert. Jedes Jahr machen gut drei Viertel der Deutschen eine Urlaubsreise, überwiegend ins Ausland, ein kleinerer Teil davon in ferne Länder. Heute ist man schnell am Reiseziel, Organisatorisches wird einem abgenommen, meist steht die Erholung vom Alltag im Vordergrund.
Trotzdem ist das Interesse an Land und Leuten, an Begegnungen mit Einheimischen präsent. Bei manchen steht es sogar im Vordergrund. Denn die Erlebnisse und Erfahrungen, die sich daraus ergeben können, zählen oft zu den intensivsten und nachhaltigsten. Sie sind häufig das, was bleibt.

Mehr Durchblick beim Reisen

Sich einlassen auf das Unbekannte

Zuhören, nachdenken, ausprobieren

Hinschauen, nicht wegschauen

Aufmerksame Gelassenheit

Blickwechsel

Mehr zur interkulturellen Reisephilosophie des Studienkreises: www.sympathiemagazine.de

Zum Titelbild: Land und Leute verstehen? Den Blick hinter die Kulissen wagen? Sich ein persönliches Bild machen? Na klar, aber mit Neugier, Offenheit und Respekt. Manches ist erst auf den zweiten Blick erkennbar – durch Perspektivenwechsel oder durch die Augen anderer. Das gilt auch vor der eigenen Haustür.

»Land und Leute verstehen« möchte Neugier wecken und Mut machen, sich beim Reisen auf Begegnungen mit Menschen anderer Länder und Kulturen einzulassen – aber auch vor der eigenen Haustür. Die Autoren zeigen, wie interkulturelles Lernen und Begegnen gelingen und Hemmnisse überwunden werden können. Sie erinnern daran, dass mit der Entschlüsselung des Fremden nicht selten auch das eigene Ich entschlüsselt wird – dass das Fremde wie ein Spiegel ist, in dem man sich auch selbst neu entdecken kann.

»Land und Leute verstehen« erscheint zum 40-jährigen Jubiläum der Reihe SympathieMagazine. Es ist ein Plädoyer für das, wozu die Magazine seit den 70er Jahren anregen: Sympathien für andere Länder und Menschen zu entwickeln und zu stärken – durch persönliche Erfahrungen, Empathie und besseres Verstehen. ■

Inhalt

Zu Gast in der Welt

Begegnungen mit Menschen anderer Länder und Kulturen können eine Bereicherung sein. Sich auszutauschen, Gemeinsames auszuprobieren schafft Nähe, ist spannend und bringt einen weiter.

Reisen hat viele Gesichter – je nachdem warum und wie wir unterwegs sind: privat oder beruflich, mit wenig oder viel Zeit, als Bade- oder Studienreisende als Pauschal- oder Individualtouristen, mit Auto, Bus, Flugzeug, Schiff, Bahn oder zu Fuß, allein oder zusammen mit anderen, mit oder ohne Betreuung durch Dritte, dicht dran an Land und Leuten oder auf Distanz.

© ONE WORLD Reisen mit Sinnen, Martina Nowotzki

Reisen als Chance

»To put it mildly, the world is a mess« – kommentierte die ehemalige US-Außenministerin Madeleine Albright die Weltlage. »Gelinde gesagt ist die Welt ein Chaos.« Dieses Gefühl beschleicht wohl jeden, der die täglichen Nachrichten verfolgt: Krisen, Konflikte, Katastrophen, Terrordrohungen, Gewalt ohne Ende. Dabei übersehen wir: Obwohl dies alles tatsächlich stattfindet und unsere Aufmerksamkeit verdient, steht es nur für einen Teil der Wirklichkeit. Beim Urlaubmachen ist es genauso: Was uns die schönen Bilder der Reisekataloge zeigen, gibt es in der Regel wirklich – aber auch das ist nur ein Ausschnitt des Ganzen.

Weltläufig ist nicht jemand, der mit Tunnelblick seinen weltweiten Geschäften nachgeht oder touristisch unterwegs ist. Es gehört die Bereitschaft dazu, sich ins Fremde verwickeln zu lassen. Weltläufig ist nur, wer durch den Reichtum von Welterfahrung verwandelt wurde.
Rüdiger Safranski

Was uns häufig fehlt, zu Hause und beim Reisen, ist ein Gefühl für das, was zwischen den extremen Wirklichkeiten liegt: die interessante Vielfalt des Alltags der Menschen auf dieser Welt. »Wir wissen, wie Afrikaner sterben, aber wie sie leben, wissen wir nicht«, sagt der in Schweden und Mosambik lebende Buchautor und Regisseur Henning Mankell. Und man könnte ergänzen: Wir wissen, was uns von anderen unterscheidet, aber über Gemeinsamkeiten wissen wir wenig. Dabei wäre genau solches Wissen äußerst vorteilhaft. Zum einen würde es den persönlichen Horizont und Durchblick erheblich erweitern, uns kompetenter, diskussionsfähiger machen und vielleicht motivieren, uns sogar persönlich zu engagieren. Zum anderen könnte es vor Fehlurteilen und vorschnellen Reaktionen schützen – wenn irgendwo wieder ein gewalttätiger Anschlag erfolgt und deshalb eine ganze Kultur, Religion, ein ganzes Land und seine Menschen von heute auf morgen kritisch beäugt, infrage gestellt oder gar stigmatisiert werden. Gerade dann, wenn wir uns bei unseren Urlaubsplänen wieder fragen: wohin, wohin lieber nicht, wäre aufmerksame Gelassenheit angebracht. Dazu braucht es eine Basis: an Wissen, an kritischer Sympathie, an Welterfahrung.

Als ich einmal einen meiner Freunde fragte, wie er denn beim Reisen mit all den Verunsicherungen umgehe, sagte er mir: »Weißt du, da draußen wartet eine Kraft, die viel stärker ist als alle frustrierenden Nachrichten zusammen. Da warten nämlich Menschen und Kulturen, die mein Leben, seit ich reisen kann, ununterbrochen bereichert haben. Mit ihrer Vielfalt, mit ihrer Musik, ihren Geschichten, ihren Freuden und Leiden, ihren Hoffnungen und Wünschen, ihrem Reichtum an Ideen, mit ihrer Pfiffigkeit und Zähigkeit, ihrem Charme und ihrem Lächeln. Trotz aller schwierigen Umstände, meiner Trauer und Wut über die schlimmen Dinge, die – im Namen von wem auch immer – geschehen: Auf diese Vielfalt bin ich einfach neugierig. Ich will mir auch weiterhin ein persönliches Bild von dieser Welt machen, sie erleben und verstehen. So, wie sie ist. Du kannst mir glauben: Vor allem durch meine vielen Begegnungen und Kontakte mit anderen Menschen habe ich eines gelernt: Es gibt nicht *die* Amerikaner, *die* Italiener oder *die* Araber, ebenso wenig wie es *die* Deutschen, *die* Muslime oder *die* Christen gibt. Nicht der Kampf der Kulturen ist angesagt, sondern der Dialog der Kulturen. Wir müssen mehr miteinander reden – auch beim Reisen. Wir hätten uns nämlich viel zu erzählen, könnten manches voneinander lernen.«

»Was wir sehen, ist nicht, was wir sehen, sondern was wir sind.« *Fernando Pessoa*

Das bedeutet: Reisen ist eine Chance, die Vielfalt »des anderen« zu erleben und zu verstehen. Keine leichte Aufgabe, denn »was wir sehen, ist nicht, was wir sehen, sondern was wir sind« – so der portugiesische Autor Fernando Pessoa. Gefragt ist die Bereitschaft, sich in »das andere« einzufühlen. Daraus kann Wissen und Durchblick entstehen – im besten Fall Sympathie. Wenn Sympathie Zuneigung bedeutet, dann ist Sympathie für die Welt nötiger denn je. Schließlich gehört sie uns allen. ■

Armin Vielhaber

Wohin und warum?

Herr Aderhold – wie viele Menschen sind eigentlich als Touristen unterwegs?
Die Reiseaktivität hat weltweit zugenommen. Zurzeit werden jährlich gut eine Milliarde grenzüberschreitende Touristenankünfte gezählt. In Deutschland machen inzwischen jedes Jahr gut drei Viertel der Bevölkerung mindestens eine Urlaubsreise von mindestens fünf Tagen Dauer. Urlaubsreisen sind zu einem ganz normalen Konsumgut geworden, zu einem Ritual. Nur 20 Prozent verreisen nicht.

Wo verbringen deutsche Touristen ihren Urlaub?
30 Prozent der deutschen Urlauber haben 2013 ihren Urlaub in Deutschland verbracht, 35 Prozent waren in den Ländern des Mittelmeers unterwegs. Weitere 35 Prozent sind in andere Länder gereist, z.B. nach Osteuropa oder in die Alpenländer. Zu dieser letzten Gruppe zählen auch jene 7 Prozent aller Deutschen, die es in ferne Urlaubsländer außerhalb Europas gezogen hat.

Herr Vielhaber – wie viele interessieren sich beim Auslandsurlaub für Land und Leute?
Die Reiseanalyse der Forschungsgemeinschaft Urlaub und Reisen e.V. zeigt, dass es ein breites Bündel von generellen Urlaubsmotiven und -erwartungen gibt. Das reicht vom Bedürfnis nach Entspannung und Erholung, nach Spaß, Freude und Vergnügen über den Wunsch, nach neuen Eindrücken und Erlebnissen, viel von der Welt zu sehen, andere Länder kennenzulernen, bis hin zum Interesse am Kontakt mit den Einheimischen. Insgesamt dominieren Entspannungs- und Erholungsmotive. Interesse an Kontakten mit Einheimischen zeigen beispielsweise ein Drittel der Türkei-Urlauber und die Hälfte jener, die ferne Entwicklungs- und Schwellenländer bereisen.

Muss man denn Einheimischen begegnen, um Land und Leute besser zu verstehen?
Dazu haben z.B. Urlauber mit Reiseerfahrung in Entwicklungs- und Schwellenländern eine

klare Meinung. Die Hälfte ist der Auffassung, dass man solche Länder nur durch Gespräche mit Einheimischen richtig kennenlernen kann. Ein Fünftel teilt diese Meinung nicht. Der Rest ist sich unsicher. Ca. 50 Prozent sind an persönlichen Gesprächen interessiert. Gut ein Drittel möchte im Urlaub auch mal mit Einheimischen auf der Basis ähnlicher Berufe oder Hobbys zusammenkommen. Manche würden sogar dafür bezahlen, wenn ihnen das Hotel oder die Reiseleitung dabei organisatorisch behilflich wäre.

Findet man solches Interesse auch unter All-inclusive-Urlaubern?
Das Interesse an Begegnungen und Gesprächen mit Einheimischen ist zwar unter studienreiseerfahrenen Urlaubern und solchen, die auf eigene Faust unterwegs sind, extrem groß – aber auch von den angeblich (!) an Land und Leute eh nicht interessierten All-inclusive-Urlaubern sind ein Drittel bis zwei Fünftel auf solche Dinge klar ansprechbar. Ob es für sie adäquate Angebote gibt, ist eine andere Frage.

Herr Aderhold – heißt das, wir müssen uns vom typischen Urlauber verabschieden?
Der typische Urlauber war immer ein Klischee. Man wird Urlaubern nicht gerecht, wenn man sie in die eine oder andere Schublade steckt, auch wenn sich gleichartige Verhaltensweisen durchaus beobachten lassen. Reisen ist ein Lernprozess. Die Bedeutung verschiedener Urlaubsmotive und -verhaltensweisen entwickelt und verändert sich in Abhängigkeit von Bildung, sozialem Milieu, Lebensalter, infolge von Erfahrungen bei Auslandsreisen und je nach Urlaubsform. Inzwischen sprechen wir vom sogenannten »multioptionalen Urlauber«, der bei seiner Reiseentscheidung drei bis fünf Urlaubsländer im Kopf hat und auch verschiedene Urlaubsformen in Betracht zieht. Aus diesem Spektrum, das sich im Lauf der Jahre herausbildet, wählt er im konkreten Fall aus.

Und wie ist das bei jungen Leuten, die wollen doch vor allem Spaß, Vergnügen und Action im Urlaub?
Das ist schon richtig. Die Tourismusforschung zeigt aber sehr deutlich, dass viel Spaß und Action im Urlaub – ebenso wie das Ausruhen und Faulenzen – nicht per se das Interesse am Kennenlernen von Land und Leuten oder an Begegnungen mit Einheimischen ausschließen. Auch hier spielen Schulbildung und Reiseerfahrung eine wichtige Rolle. ■ *Interview: Susanne Asal*

Mehr Land-und-Leute-Angebote für Urlauber

Bei Urlaubsreisen in Entwicklungs- und Schwellenländer rechnen deutsche Reiseunternehmen bis 2022 mit einer Zunahme an Angeboten für organisierte Land-und-Leute-Ausflüge. Zwei Drittel der Unternehmen erwarten, dass Reiseveranstalter den Urlaubern vor Reiseantritt sehr gute Vorinformationen über Land und Leute zur Verfügung stellen. Gut die Hälfte erachtet die einfühlsame Vermittlung der Alltagsrealitäten des jeweiligen Gastlands durch die Reiseleitung als besonders wichtig. (Basis: Befragung von 52 deutschen Reiseveranstaltern durch den Studienkreis für Tourismus und Entwicklung e.V.)

Peter Aderhold und Armin Vielhaber beobachten und erforschen seit vielen Jahren das Urlaubsreiseverhalten der Deutschen – vor allem jener, die Entwicklungs- und Schwellenländer bereisen. Das sind derzeit ca. acht Millionen pro Jahr.

Alles begann mit einem Buch

In »Die Geschichte von Liebe und Finsternis« verwebt der berühmte Autor Amos Oz seine Biografie mit der Geschichte Israels. Das Buch hatte mich derart gefesselt, dass ich dieses Land unbedingt kennenlernen wollte – seine Menschen, seine Widersprüche, die Gegenwart und die Zukunft.

Israel – das Gelobte Land, Ort gewalttätiger Auseinandersetzungen, aber auch der Hoffnung auf Frieden –, da reist man nicht einfach so hin. Auf eigene Faust zu fahren, nur mit einem Reiseführer im Gepäck, das erschien mir in diesem Fall als zu wenig. Ich wollte mit anderen zusammen reisen, Fragen stellen, zuhören, etwas erfahren, mich austauschen – so buchte ich meine erste Studienreise.

Nun sitze ich am schilfigen Ufer des Sees Genezareth. Die Reisegruppen, die wie wir in einem Kibbuz-Hotel logieren, heißen Maria Magdala, Holy Land Pilgrimage, Gruppe Manfred Kurzbichler ... Ihre Teilnehmer stammen aus Peru und den USA, aus Kanada, Spanien, Frankreich und Deutschland. Die größte Gästegruppe stellen die Nordamerikaner, die mit ihrem strahlenden »Have a good day, darling« den Speisesaal beschallen. Ein bisschen Jugendherbergsstimmung. Alle auf der Suche nach den Wurzeln ihrer Religion.

Dies ist nur die eine Geschichte. Eine andere erzählt vom Aufbau des Landes Israel. Wir besuchen den Kibbuz Gescher im Jordantal, der 1939 gegründet wurde und heute noch in Betrieb ist. Ein Kibbuz ist ein sozialistisches Lebens- und Wohnmodell, das in Israel erdacht wurde und viele junge Leute aus allen Ländern der Welt anzog. Unseren Reiseleiter im Übrigen auch. Er hat über 20 Jahre in einem Kibbuz gelebt.

In Jerusalem besuchen wir die Klagemauer an einem Freitagabend, dem Vorabend des Sabbats. Sehen ultraorthodoxe Juden beten, die einem russischen Schtetl des 19. Jahrhunderts entstiegen zu sein scheinen. Wir trinken arabischen Tee im 100-jährigen Mahane-Yehuda-Markt und steigen hinauf zum Felsendom und zur Al-Aksa-Moschee. Treffen unsere peruanischen Pilger vom See Genezareth wieder, wie sie ein Kreuz durch die Via Dolorosa tragen. In den freien Stunden spaziere ich allein durch den Garten Gethsemane, andere aus der Reisegruppe versuchen sich mit Neugier an einer Shisha-Pfeife.

Gemeinsam besuchen wir Yad Vaschem, die Gedenkstätte für die Opfer des Holocaust, und taumeln wie betäubt hinaus. Später am Tag rollt unser Bus nach Bethlehem, entlang der meterhohen Mauer, die Israel errichtet hat. Wir sind mit Mitri Raheb verabredet, einem arabischen Christen, Gründer des Internationalen Begegnungszentrums. Er argumentiert hart, illusionslos. Wie kann Frieden entstehen, fragen wir ihn. Wer hat recht? Alle? Wem gehört das Land?

Zum Abschluss – beim Blick auf Jerusalem und die Grenzmauer – sind wir alle still. Unser Reiseleiter schenkt uns kleine Friedenstauben aus Olivenholz. Wer einmal in Israel war, so viel ist gewiss, wünscht der Region den Frieden mehr als alles andere. ■ *Susanne Asal*

Ali-inclusive

Jede Art zu reisen hat ihre Zeit. Manchmal möchte man sich um nichts kümmern müssen und sehnt sich einfach nur nach einer sorglosen Auszeit. Eigentlich sind wir eingefleischte Individualreisende – eigentlich. Aber in diesem Oktober wollten wir keinen VW-Bus mit Schlafsack, Kocher und Zelt bepacken, um uns dann ein Reiseziel zu suchen. Unseren Söhnen Jakob, 16 Jahre, Josef, 11 Jahre, meinem Mann Robert und mir war nur nach einer Woche Sonne und Meer, diesmal all-inclusive.

Robert genießt den akkuraten Haarschnitt beim ägyptischen Friseur und unterhält sich blendend. Dass ihm das Lachen bald vergehen wird, weiß er noch nicht. Andere Länder, andere Sitten: Nasen- und Ohrenhaare entsprechen nicht dem arabischen Schönheitsideal und werden radikal entfernt.

»Sag niemals nie«, dachte ich mir, als wir am Roten Meer in Ägypten landeten und auf den Hotelshuttle zusteuerten. Im Grunde gar nicht so schlecht. Du weißt, wo du landest. Du weißt, du bist direkt am Meer in einer Hotelanlage mit Rundumversorgung. »Ganz schön einsam«, meinen später die Jungs. Ja, das stimmt. Die Anlage liegt weit außerhalb der Stadt Dahab, aber wir wollten ja nur Sonne, Meer und Liegestühle. Am nächsten Morgen gehen wir erst mal ausgiebig frühstücken. Hinter dem Buffet stehen etwa sieben Köche, einige davon in Jakobs Alter. »Nice hats – schöne Mützen«, beginnt Jakob das Gespräch. In der Tat, alle tragen hohe, schneeweiße Kochmützen. »Where are you from?«, fragt einer der jungen Köche. »Munich.« »Ah, I like FC-Bayern, do you play football?« Natürlich spielt Jakob Fußball. Die Köche und Jakob verabreden sich für ein Spiel am Strand. Das geht allerdings erst, wenn die jungen Angestellten freihaben. Es beeindruckt Jakob schwer, als ihm seine neuen ägyptischen Freunde erklären, dass das kein Ferienjob ist. Sie arbeiten Vollzeit und steuern ihren Verdienst zum Unterhalt der Familie bei.

Wir verbringen den Tag entspannt am Hausstrand und tun, was man halt so tut im Urlaub: baden, schnorcheln, entspannen, lesen ... Am Abend möchten wir uns Dahab ansehen. Aber wie kommen wir dahin? Kein Problem, das Hotel hat einen Taxifahrer, Ali heißt er. Wir finden ihn gleich, sein Taxi ist unübersehbar, das vordere Dach und die Front sind komplett mit Lichtern bestückt, die in allen Farben leuchten und blinken. Innen ist überall Teppich, die Hand der Fatima baumelt vom Rückspiegel, zusammen mit diversem anderem Schnickschnack. Josef ist begeistert. »Where you wanna go? – Wo wollt ihr denn hin?«, fragt Ali. »Zum Friseur.« Ja, wirklich. Wir waren schon öfter in arabischen Ländern unterwegs, und meine Männer lieben es, dort zum Friseur zu gehen. »Ich bring euch zu meinem Freund«, sagt Ali. Was soll's, warum nicht? Bevor wir rumirren und einen Friseur suchen, soll doch Alis Freund ein bisschen Geld verdienen.

Als die Männer zurückkommen, leuchten Roberts Nase und Ohren krebsrot, dafür sieht man dort auch keine Haare mehr. »Mama, der Friseur hat dem Robert mit einem Faden alle Haare aus der Nase und den Ohren gerissen.« Wir machen uns auf den Rückweg zum Sammelparkplatz für die Taxis. »Taxi, Taxi«, schallt es uns permanent hinterher. Da wird es Jakob zu bunt. »We don't need a taxi, we have Ali!« Und da steht er auch schon und wirft seine Lichtorgel an, damit wir sein Taxi ja nicht übersehen. Auf dem Rückweg halten wir noch bei Alis Schwester an. Ich will unbedingt Hibiskusblütentee kaufen, und sie hat angeblich den besten. »Best food, best prices«, versichert uns Ali. Eh klar!

»Mama, Mama! Darf ich mit Ali mitfahren?«, ruft Josef am nächsten Morgen aufgeregt. »Don't worry, I'm a good driver«, sagt Ali. Ja, ich bin überzeugt, dass er gut Auto fährt. Kurzfristig schießen mir aber ganz andere Horrorszenarien durch den Kopf. »Ach was, mach dich locker«, sage ich mir. Trotzdem bin ich unruhig. Endlich kommt Josef mit Ali wieder zurück. Sie hätten den ganzen Tag Touristen rumgefahren. Aha, Touristen – »und was bist du, mein süßer Josef?«, denke ich.

Von Jakob haben wir in diesem Urlaub nur wenig gesehen. Er war die meiste Zeit mit den Jungs vom Hotelpersonal unterwegs – Kamelreiten zu einem Dorf im Hinterland und Apfeltabak-Shisha rauchen in der Strandbar inklusive. Die Zeit verging viel zu schnell, und schon mussten wir wieder zurück zum Flughafen. Aber diesmal nicht mit dem Hotelshuttle, wir hatten ja Ali. ■ *Petra Darchinger*

Reisen verändert

Noch nie zuvor sind so viele Menschen freiwillig gereist wie heute. Kaum ein Fleck der Erde ist vor unserer postmodernen Mobilität sicher. Unsere Reisen beginnen auf Landkarten und in Prospekten. Da ist die ganze Welt übersichtlich dargestellt, geschrumpft auf einen kleinen Maßstab. Auf jedem Quadratzentimeter Informationen über Informationen, so verdichtet, wir können gar nicht durch das gespannte Netz fallen – wir können uns nicht verirren. Die ultimative Garantie aber geben uns GPS-Gerät und Navigationssystem.

Die exotische Erregung speist sich aus einer zunehmend willkürlichen Grenzziehung zwischen dem Vertrauten und dem Andersartigen. Für einen Bayern ist das Oktoberfest in München eine rechte Gaudi, für den Australier eine einmalige Ekstase – dabei kommen lediglich viele Menschen zusammen, etwas, was fast überall auf der Welt geschieht. Ähnlich gelingt es dem europäischen Besucher bei der Kumbh Mela, dem alle zwölf Jahre in Nordindien stattfindenden Fest, ein Gefühl der abenteuerlichen Begegnung mit dem Einmaligen zu empfinden, obwohl sich etwa 30 Millionen Menschen am Zusammenfluss von Ganges und Jamuna versammeln und das Fest somit eine Massenveranstaltung par excellence darstellt.

Wir fahren durch die Welt, aber wie viel erfahren wir von ihr? Fast jeder ist unterwegs, aber wer ist wirklich auf Reisen? Denn Reisen geht über die Veränderung der Lokalität hinaus – Reisen kann ein metaphysischer Akt des Erkennens und Erfahrens sein. Nur der Reisende, sagt ein maurisches Sprichwort, kennt den wahren Wert des Menschen. In den meisten Religionen gilt das Reisen als richtige Lebensführung, als Instrument der Katharsis, als Mittel zur Erleuchtung. In dem hinduistischen Lehrbuch »Aitareya Brahmana« steht: »Es gibt kein Glück für den Menschen, der nicht reist.« Ähnlich den christlichen Wandermönchen von einst ziehen noch heute indische Asketen, Sadhus, durch das Land. Die orthodoxeren unter ihnen verbringen keine zwei Nächte am selben Lagerplatz. Denn die Sesshaftigkeit trägt potenziell alle Sünden in sich, sei es Gier, Egoismus, Materialismus oder Gewalt. Ähnliche Traditionen und Überzeugungen finden sich auch im Islam. Al-Ghazali, einer der bedeutendsten islamischen Theologen,

Der Schriftsteller und Übersetzer Ilija Trojanow wurde 1965 in Sofia geboren, kam 1971 mit seiner Familie über das damalige Jugoslawien und Italien nach Deutschland, wo die Familie politisches Asyl erhielt. Er lebte in Nairobi, München, Mumbai und Kapstadt. Ilija Trojanow schreibt Reisereportagen, Romane und Sachbücher. Er wurde vielfach ausgezeichnet, u.a. 2007 mit dem Berliner Literaturpreis.

Trojanow ist beruflich als Weltensammler unterwegs und bevorzugt dabei das Alleinreisen.

der den Sufismus in den Islam integrierte, verließ seine persische Heimat, um nach Bagdad, Damaskus, Jerusalem zu reisen, von der obligatorischen Pilgerreise nach Mekka und Medina ganz zu schweigen.

Wie könnte man heute in einer globalisierten Welt zum ursprünglichen Reisen zurückfinden? Was unterscheidet unsere unergiebige Rastlosigkeit von einer Reise, bei der jener, der aufbrach, die Fremde kennenzulernen, verändert nach Hause zurückkehrt? Je mehr ich darüber nachdenke, desto mehr erscheinen mir drei Elemente von entscheidender Bedeutung, drei Ratschläge, die geradezu banal wirken und doch sehr selten von Reisenden beherzigt werden. In einem Satz: Reise allein, reise mit leichtem Gepäck und reise zu Fuß. Wer so reist, begibt sich auf die Suche nach den Schatten des Offensichtlichen.

Wenn dein Gepäck in Gefahr ist, schrieb V.S. Naipaul, hast du einen Hinweis erhalten, dass du in Indien angekommen bist. Aber ist nicht gerade die Gefährdung des Gepäcks die große Stärke einer Begegnung mit der Fremde? Denn damit ist ja auch der Inhalt der Koffer und Taschen gemeint, ein Inhalt, der im übertragenen Sinne voller Vorurteile und Besserwissereien des zeitgenössischen westlichen Geistes steckt und der in Gefahr gebracht werden soll, je heftiger, desto besser. Reise also mit leichtem Gepäck – das verringert das Maß der Sorgen, der Vorurteile, der Erwartungen.

Am wichtigsten erscheint mir aber das Reisen zu Fuß. Der Fußmarsch ermöglicht eine Wachheit, die einen wie eine Bogensehne spannt. Man ist einer Wirklichkeit ausgesetzt, die sich mit kleinen spitzen Steinen durch die Sohlen drückt, die schwer an den Riemen des Rucksacks hängt, die sich durch schmerzende Glieder, Schweiß und Dreck bei jedem Schritt aufdrängt. Wer mit dem Auto, dem Bus, dem Zug oder dem Motorrad durch die Landschaft fährt, sieht mit den Augen, mehr oder weniger. Wer sie aber zu Fuß durchstreift, der sieht mit dem ganzen Körper. Und er ist den Einheimischen gleichgestellt, er fällt in die tradierte Kategorie des müden Wanderers, dem Menschen weltweit mit den Mitteln der vertrauten Gastfreundschaft begegnen können. Und noch etwas: Reise nicht von der Heimat in die Fremde und wieder zurück, sondern verwandle die Fremde in Heimat. Stelle dir vor, Wurzeln wachsen in die Zukunft. »Unternimm eine Reise, mein Freund«, sagt der großartige Sufi-Dichter Rumi, »vom Ich zum Selbst. Solch eine Reise verwandelt die Welt in eine Fremde, die so ergiebig ist wie eine Goldmine.« ■

Ilija Trojanow

Was uns begleitet

Frauen mit Kopftuch sind unterdrückt, US-Amerikaner oberflächlich, Chinesen schwer durchschaubar, Menschen in Entwicklungsländern sind arm, weil sie so viele Kinder haben.

Wer kennt sie nicht, die rasch gefällten und nicht hinterfragten Aussagen, die scheinbar unverrückbar daherkommen und Menschen, Gruppen, ganze Länder und Sachverhalte beschreiben und bewerten. Klischees, Stereotype, Vorurteile und damit verbundene Bilder (Images), die wir uns von dem »anderen« machen, gehören zu unserem Alltag, begleiten unser Leben. Kaum einer ist ganz frei von ihnen (auch nicht die Autoren dieses Beitrags), jeder verwendet sie mehr oder weniger häufig – auch mal scherzhaft –, wohl wissend, dass das eigentlich schräg ist.

»Vorurteile zu bekämpfen ist schwerer als Atome zu spalten« – meinte Albert Einstein. Der Experte in Sachen Atomspaltung verstand anscheinend auch eine Menge von den Bedingungen, unter denen Vorurteile und ihre Geschwister – Stereotype und Klischees – entstehen und gepflegt werden. Sie werden schon in früher Kindheit im Gehirn justiert und ordnen in gut und böse, normal und anormal, erlaubt und nicht erlaubt, schön und hässlich etc. Vornehmlich sind es Erwachsene, die sie Kindern vermitteln. Sie beruhen auf nicht überprüften Verallgemeinerungen.

__Klischees__ stehen für ohne Bedacht geäußerte Gemeinplätze wie: »Italiener sind tolle Liebhaber.« __Stereotype__ sind Vereinfachungen komplexer Eigenschaften oder Verhaltensweisen von Personengruppen. Beispiel: »Schwarzafrikaner verlieren sich in endloses Reden.« Das __Vorurteil__ wird voreilig gefällt, verallgemeinert grob und ist mit Emotionen besetzt. Es bringt eine Ansicht zum Ausdruck, die nicht auf Richtigkeit überprüft worden ist. Es ist meist negativ behaftet und drückt eine generelle Haltung aus, etwa: »Ausländer sind krimineller als Deutsche.«

Auf der einen Seite helfen sie uns, die Welt zu ordnen. Sie stabilisieren und geben Orientierungshilfe. Sie machen unser Leben bequem, sind Barrieren gegen eine Überflutung mit Informationen. Deshalb neigen Menschen dazu, sich auch dann noch an sie zu klammern, wenn sie festgestellt haben, dass sie auf Fehlinformationen beruhen. Unsere Weltanschauung könnte ins Schwanken geraten. Auf der anderen Seite besteht aber die Gefahr, dass wir Menschen in Schubladen stecken und davon Abweichendes als Ausnahmen deklarieren. Vor einiger Zeit mussten unsere griechischen Nachbarn dafür herhalten. Hinzu kommt, dass durch Klischees, Stereotype und Vorurteile erlangte Bequemlichkeit und Harmonie unsere Wahrnehmung selektieren. Die ist sowieso schon stark geprägt durch Sozialisation, kulturellen

Hintergrund, Bildung, Interessen und anderes mehr. Da dies in unterschiedlichsten Mischungsverhältnissen vorkommt, sind wir verblüfft, wenn wir mit anderen dasselbe betrachten, jedoch Unterschiedliches wahrnehmen. Dann wird blitzartig deutlich, dass wir immer auch das sehen, was wir sind. Zu Hause wie beim Reisen.

Klischeehafte Meinungen zu anderen Ländern und Menschen werden vor allem dann geäußert, wenn keine persönlichen Erfahrungen und Begegnungen zugrunde liegen. Hier liegt aber die Chance des Unterwegsseins: zur differenzierten Wahrnehmung von Realität, zur Bildung einer eigenen Meinung in Ergänzung zu den Informationen und Meinungen Dritter.

Wenn wir reisen, kommt es nicht nur darauf an, was wir sehen, sondern vor allem wie wir es sehen – ob wir Fremdes aufgeschlossen, ohne sofortige übertriebene Wertungen wahrnehmen, und wie wir uns darüber mit Einheimischen und Mitreisenden oder mit den Daheimgebliebenen zu Hause austauschen. Zwischen verschiedenen Blickwinkeln hin und her zu schalten ist spannend, erzeugt Aha-Effekte, manchmal sogar Staunen und kann andere, neue Sichtweisen erschließen.

»Es ist schwerer, Vorurteile zu bekämpfen als Atome zu spalten.«

Albert Einstein

Die Relativierung festgefahrener Meinungen über Fremdes ist eine Herausforderung. Sie wird u.a. begünstigt durch persönliche Begegnungen, Gespräche und Erfahrungen in einem entspannten Umfeld. Das sollte im Urlaub gegeben sein.

Vorsicht ist geboten, wenn während einer Reise Unzufriedenheit und Stress ins Spiel kommen. Dann reagiert unser Gehirn, indem es ohne unser Zutun und häufig gegen unseren Willen Klischees, Stereotype und Vorurteile (re)aktiviert und miteinander verknüpft, um das Umfeld rasch einordnen zu können und handlungsfähig zu werden. Sich dann zu erinnern, dass auch unsere Gastgeber Klischees über uns haben könnten, wäre vorteilhaft. Vielleicht denken sie ja: »Typisch deutsch – neugierig und pünktlich, aber unflexibel und ohne Humor.« Genau der aber könnte zusammenführen und entkrampfen. ■

Susanne Asal, Armin Vielhaber

Mañana

»Mañana«, morgen, heißt die Zauberformel, mit der man lateinamerikanisches Temperament im Allgemeinen gern umschreibt. Ein Hauch von charmanter Unzuverlässigkeit steckt hinter diesem Begriff, eine Einstellung zum Leben, die Mitteleuropäern oft fremd zu sein scheint. Doch wie charmant empfinden es Lateinamerikaner eigentlich selbst, mit diesem Begriff beschrieben zu werden? Überhaupt nicht. Mañana verstehen sie mitnichten als kulturelle Eigenschaft ihrer selbst, sondern eher als Herausforderung, den oft beschwerlichen Alltag zu organisieren. Weder Mexikaner noch Peruaner finden es gut, stundenlang im morgendlichen Stau zu stehen. Denn nicht die Menschen, sondern die Verhältnisse sind eben so. Wer im Verkehrschaos von Mexiko City hängen bleibt und um halb elf Uhr zu einem Termin erscheint, der um neun Uhr anberaumt war, ist selten stolz darauf. In Venezuelas Hauptstadt Caracas beginnen die Schulen bereits um viertel vor sieben, damit die Kinder, die mit dem Schulbus oder Auto zur Schule gebracht werden, nicht in den morgendlichen Stau geraten. Betty, eine Englischlehrerin, erzählt: »Die erste Schulstunde geht damit drauf, die Kinder munter zu bekommen.«

»Wer sich über die Wirklichkeit nicht hinauswagt, der wird die Wahrheit nie erobern.«

Johann Christoph Friedrich von Schiller

Vor lateinamerikanischen Behörden sammeln sich regelmäßig lange Schlangen. Das Vorwärtskommen ist manchmal so mühselig, dass sich sogar ein eigener Berufszweig etabliert hat: der Schlangesteher. Der wartet so lange, wie es eben nötig ist, zur Not auch bis mañana. Zum Termin erscheint dann sein entspannter Auftraggeber. Wer als Besucher in Lateinamerika mit Bürokratie zu tun hat, preist vermutlich verstohlen die mitteleuropäische Bürokratie als ein Muster an Effizienz.

Ein ganz anderes Erlebnis von mañana wartet auf den, der durch ländliche Regionen reist. Auf dem Altiplano, Boliviens Hochebene, bestimmt der Jahreszeitenwechsel den Rhythmus des Lebens. In Peru kann der Reisende aufgrund der Straßenverhältnisse gar nicht schnell vorwärtskommen. Das hat nichts mit mañana zu tun. Wer auf den schotterbelegten Landstraßen in den Weiten Patagoniens eine Reifenpanne erleidet, ist auf die Hilfe anderer Autofahrer angewiesen. Was nichts ausmacht, denn sie kommt bestimmt und wird freundlich gewährt. Manchmal halt auch: mañana. ■

Susanne Asal

Der Franzose an sich

Mein Freund Manfred wusste schon immer zu sagen, wie der Belgier, Franzose oder Spanier so ist. Ich habe mich entschlossen, meine eigenen Geschichten zu erleben, also muss ich mich dahin begeben, wo »der Belgier«, »der Franzose« und »der Spanier« lebt. Zu diesem Zweck bin ich gewandert. Von Aachen über Frankreich nach Santiago de Compostela. Nach Aussage meines Freundes ist »der Franzose« ein Schöngeist, der auf seiner Sprache beharrt. »Ohne Französisch kommst du da nicht durch!« So gewarnt, lernte ich fleißig Französisch von der CD.

Auf dem Land. In einem Ort, dessen Namen niemandem etwas sagt. Eine Gaststätte! Es ist heiß und gegen Mittag. Hinter dem Tresen der einfachen Lokalität, ein stiernackiger Wirt. Schon auf den ersten Blick eine beeindruckende Persönlichkeit. Ein kaltes Bier ist schnell bestellt. Ich frage mit meinem Crashkurs-Französisch, was es zu essen gibt. Gegenfrage, wo ich denn herkäme. Aix-la-Chapelle. Aachen. Verwunderung. Und wo soll es hingehen? Saint Jacques de Compostelle. Non! Oui! À pied? Zu Fuß? Oui. Nun war die Aufregung groß. Er rennt in den Nebensaal und beordert seine Stammgäste in den Schankraum. Alle hatten mich zu bestaunen. Dann wird der Koch herzitiert. Er müsse mir ein Menü zaubern, und zwar »pronto«. Ja, er hat pronto gesagt. Es kommt ein Menü mit vier Gängen, dessen köstlicher Hauptgang die erste Wachtel meines Lebens ist. Die Tochter wird ebenfalls zum Pilgerbewundern beordert. Sie ist elf Jahre alt und strahlt mich mit offenem Blick an.

Während des Essens ein Gespräch über Religion. Der Wirt weiß zu berichten, dass »der Franzose« (auch er weiß, wie der so ist) überhaupt nicht religiös sei. Er habe mit Religion nun wirklich gar nichts zu tun, finde es aber spannend, wenn sich jemand auf den Weg mache, um Erfahrungen zu sammeln. So haben wir uns verständigt. Zehn Lektionen Hör-CD machten es möglich, und eine universelle Sprache, die nicht im eigentlichen Sinne eine Sprache ist, sondern das Wollen zweier menschlicher Energien zum Austausch und Sich-Verstehen. Die Mittagspause wird lang und länger. Ich bin noch weit entfernt von meinem Tagespensum und muss weiter. Ich will zahlen, was mein nicht religiöser Gastgeber jedoch ablehnt, das sei ja wohl das Mindeste! Ich bitte ihn, mir seinen Namen zu verraten, damit ich in Santiago für ihn beten kann. Da zerfließt der Mann, der nach eigener Aussage überhaupt nicht religiös ist, in Tränen. Das sei zu viel, das könne er nicht annehmen! Als ich noch um den Namen seiner Tochter bitte, gibt es kein Halten mehr. Unter Beteuerungen, sich gegenseitig nie zu vergessen, scheiden wir voneinander. Ich habe mein Versprechen eingehalten. In Santiago habe ich für beide gebetet – vergessen werde ich sie nie. ■

Frank Voss

Das **Fremde** in mir

Ob wir wollen oder nicht, wir leben in einer globalisierten Welt, in der die Kulturen sich durchmischen. Es klingt erfrischend, die Namen der Spieler nationaler Fußballmannschaften anzuschauen, in denen sich eine bunte Herkunft spiegelt. Gleichzeitig werden Intoleranz, Fremdenfeindlichkeit und ethnische Vorurteile bei kleinsten Anlässen mobilisiert – kulturelle Vielfalt zu leben ist viel schwerer getan als gesagt.

»Wir träumen von Reisen durch das Weltall: Ist denn das Weltall nicht in uns? Die Tiefen unseres Geistes kennen wir nicht – nach innen geht der geheimnisvolle Weg.«
Novalis

Der Umgang mit dem Fremden, ist ein Lernziel. Dazu gehört, dass wir verstehen, was den Fremden zum Fremden macht. Es mag überraschend klingen, aber das Etikett des Fremden ist nicht vorgegeben, es wird hergestellt. Die deutsche Geschichte, in der Mitbürger plötzlich zu rassisch fremden Menschen erklärt und auf das Schlimmste verfolgt wurden, zeigt dies in aller Deutlichkeit. Die Frage nach dem Verstehen des Fremden berührt gesellschaftlich brennende Fragen und ist zugleich im beruflichen Alltag angekommen. Als Leiter einer psychiatrisch-psychotherapeutischen Institution bin ich täglich konfrontiert mit Menschen, die aus anderen Kulturen stammen. Viele von ihnen sprechen noch nicht gut Deutsch. So hat die Begegnung mit Fremden erst einmal eine ganz konkrete Voraussetzung: die Möglichkeit des sprachlichen Austauschs. Daher sind unsere Informationsbroschüren in zwölf Sprachen übersetzt, und wir arbeiten mit einem Dolmetscherdienst.

Mit der sprachlichen Verständigung ist aber nur der Anfang gemacht. Das Leid, das durch den Verlust der Heimat entsteht und bei Flüchtlingen, verstärkt durch eine bürokratische Behandlung, schließlich zu psychischer Krankheit führt, darf nicht übersehen werden.

Um dem Fremden zu begegnen, braucht es mehr als gemeinsame Sprache und Einfühlung. Niemand ist vor den unbewusst sich einstellenden und den Blick verzerrenden Klischees gefeit, die sich gegen Menschen aus anderen Kulturen richten und sie somit zu Feindbildern werden lassen. Den Fremden verstehen, das bedeutet auch, zu verstehen, wo ich ihm Dinge zuschreibe, die gar nicht zu ihm gehören. Zu wem aber dann? Zu mir selbst! Es ist eine bekannte und nicht nur bei uns gültige Erkenntnis: Das, was für die eigene Person nicht anerkannt ist, was in mir selbst fremd bleibt, wird »projiziert«, also dem anderen zugeschrieben. Wenn ich tiefer gehende Schwierigkeiten mit meiner persönlichen erotischen Ausstrahlung habe und mit meiner neuen Freundin nach Italien reise, wird aus jedem zweiten jungen und gut aussehenden Italiener ein hemmungsloser Verführer, den ich abwerten muss. Statt mich zu fragen, warum ich unsicher bin, statt mit der Freundin darüber zu sprechen, was sie (an mir, an anderen) attraktiv findet, ist es viel leichter, dem anderen die Schuld zu geben.

Die Projektion eigener Aggressionen, Ängste, Zweifel, die nicht bewusst werden dürfen, macht so aus dem anderen den Feind, den Feigling, den Versager. Wenn ich es nötig habe, in dieser Weise den Fremden zur Entlastung meiner ungelösten Konflikte zu missbrauchen, dann werde ich ihm nicht gerecht. Dann ist es mir nicht möglich, Fremdheit positiv zu bewerten. Je mehr ich abwehren muss, was mich unbewusst umtreibt, umso mehr muss ich abwehren, was mir vom Fremden entgegengebracht wird. Das aber heißt: Will ich dem fremden Menschen gut begegnen, muss ich das Fremde in mir selbst entdecken, mich selbst hinterfragen, meinen Vorurteilen, aber auch meinen eigenen Belastungen und Nöten auf die Schliche kommen.

Den Fremden verstehen bedeutet also auch, nicht unter allen Umständen auf meinen Ansichten zu beharren. Die Alternative ist nicht, dem anderen gleich recht zu geben, aber eben auch nicht immer mir selbst. Eine Therapie, die das Ziel hat, eingefahrene Konflikte aufzuweichen, muss einen »Zwischenbereich«, einen »dritten Raum« herstellen, wo niemand von vornherein recht hat, sondern wo ausgehandelt wird, was richtig ist. Dies gilt auch für den interkulturellen Dialog, in dem es darum geht, festgefahrene Bilder aufzulösen, Unsicherheiten zu ertragen, um schließlich wieder auf den anderen neugierig sein zu können, sich vom Fremden bereichern zu lassen. ■

Joachim Küchenhoff

Auf Reisen lernen

Wer sich auf Reisen nach einer Besichtigung auf ein Bier freut, erlebt in manchen Ländern eine Überraschung: Der Barmann in Frankreich zum Beispiel schenkt das Glas randvoll ein und greift dann zu einem Plastikspatel, mit dem er in einer lässigen Armbewegung den letzten Rest einer Schaumkrone hinwegfegt. Sieht so mancher Gast nun ein schlecht gezapftes Bier vor sich stehen, ist der Barmann seinerseits zufrieden, keinen Platz durch unnötigen Schaum verschwendet und besonders viel Bier serviert zu haben – typischer Fall eines interkulturellen Missverständnisses.

»Fremd ist der Fremde nur in der Fremde.«
Karl Valentin

Schon der Humorist Karl Valentin wusste: »Fremd ist der Fremde nur in der Fremde.« Viele Reisende kennen dieses Gefühl im Ausland, wenn etwa Sprachbarrieren verunsichern, Sitten und Gebräuche unbekannt sind, ungewohnte Abläufe im Urlaubsalltag irritieren oder ungeschriebene Regeln und Gesetze zu Missverständnissen und schlimmstenfalls Konflikten mit Einheimischen führen – und sich so spürbar kulturelle Unterschiede offenbaren.

Jede Konfrontation mit dem Fremden weist unweigerlich auf die eigene Kultur zurück. Denn diese ist wie eine unbewusst getragene Brille, durch die wir die Welt wahrnehmen und interpretieren. Dabei stehen unsere eigenen Werte und Verhaltensnormen, welche wir seit unserer frühesten Kindheit entwickelt haben, ganz selbstverständlich im Mittelpunkt. Dieser Ethnozentrismus ist zunächst einmal eine normale Erscheinung – entscheidend ist, wie wir damit umgehen: Unterstellt man »den Spaniern«, sie seien faul, weil sie mittags Siesta machen, oder nimmt man an, dass sie in den heißen Monaten ihre Arbeitszeit in die Abendstunden verschieben?

Das Bewusstsein für die eigene kulturelle Identität steht am Beginn jedes interkulturellen Lernens. In seiner Gesamtheit stellt dieses einen tief gehenden Prozess dar, der sich über einen längeren Zeitraum erstreckt und weit über die Aneignung von Sitten oder Bräuchen des jeweiligen Landes hinausgeht. Während einer einzigen Urlaubsreise ist dies kaum realisierbar. Doch ermöglichen schon landeskundliches Wissen, Sprachkenntnisse und einige »Dos and Don'ts«, sich zu orientieren und erste Kontakte herzustellen. Überall freuen sich Menschen über Grußformeln in ihrer Landessprache, selbst wenn die Aussprache noch nicht perfekt ist. Wer weiß, dass Schuhe vor dem Besuch eines Tempels oder einer Moschee ausgezogen werden und dies auch tut, zeigt Respekt und Kenntnis kultureller Gebräuche.

Persönliche Kontakte auf Reisen können auf beiden Seiten Hemmschwellen, Stereotype und Vorurteile abbauen und durch neue Erfahrungen ersetzen, die ein differenzierteres Bild der jeweils anderen Kultur erzeugen. Touristikunternehmen, die bei der Organisation ihrer Urlaubsangebote diesen Ansatz berücksichtigen, können einen Beitrag zum Kulturaustausch leisten – indem sie beispielsweise ihre Gäste in Unterkünften unterbringen, in deren Umfeld sie mit Einheimischen in Kontakt kommen, oder indem sie auf Ausflügen auch öffentliche Verkehrsmittel nutzen und insgesamt Raum für spontane Begegnungen lassen. Entsprechend sensibilisierte Reiseleiter übernehmen dabei entscheidende Rollen: als Landeskenner, Vorbilder, Übersetzer und interkulturelle Vermittler helfen sie ihren Gästen, sich möglichst situationsgerecht zu bewegen, Reisende und Einheimische miteinander in Kontakt zu bringen und kulturelle Hintergründe zu erschließen.

Offenheit, Neugier und Achtsamkeit sind gute Reisebegleiter, durch die sich kulturelle Türen öffnen lassen. Das kann – wie Reisegäste erzählten – manchmal sogar so weit führen, dass sich aus einem touristischen Moment mehr entwickelt: Zunächst wollten sie nur die eindrucksvolle Eiche vor der Ruine eines bischöflichen Palastes in Südengland fotografieren, hielten sich dann aber aus Rücksicht auf eine Hochzeitsgesellschaft zurück und waren im nächsten Augenblick selbst Teil des festlichen Gruppenfotos. Braut und Bräutigam sprachen ein bisschen Deutsch, Adressen wurden getauscht, am Abend sah man sich in der Hotelbar wieder und feierte mit – die Fotos dokumentieren eine unvergessliche Party. ■ *Angelika Müller*

Interkulturelles Lernen

Nach Alexander Thomas (Hochschullehrer mit Schwerpunkt interkulturelle Psychologie) findet interkulturelles Lernen statt, »wenn eine Person bestrebt ist, im Umgang mit Menschen einer anderen Kultur deren spezifisches Orientierungssystem der Wahrnehmung, des Denkens, Wertens und Handelns zu verstehen, in das eigene Orientierungssystem zu integrieren und auf ihr Denken und Handeln im fremdkulturellen Handlungsfeld anzuwenden. Interkulturelles Lernen bedingt neben dem Verstehen fremdkultureller Orientierungssysteme eine Reflexion des eigenkulturellen Orientierungssystems.«

Mit Neugier und Offenheit

Große Rundreise »Der Norden Thailands«. Im Reisebus herrscht gespannte Stimmung bei den einen, kritische Zurückhaltung bei den anderen. Denn heute steht der Besuch eines Dorfentwicklungsprojekts der Deutschen Entwicklungszusammenarbeit auf dem Programm. Auch ich war erst ein wenig skeptisch, hatte ich doch auf meinen bisherigen Reisen bereits des Öfteren Projektbesuche miterlebt – nach dem Motto: Einheimischer Projektleiter versucht, technisch wenig versierter Reisegruppe das Funktionieren einer Bewässerungstechnik für die kommunalen Gemüsefelder nahezubringen.

Doch die Vorinformationen von Philipp, unserem Reiseleiter, ließen mich aufhorchen: Der Schwerpunkt des Projektbesuchs solle eher auf der Begegnung mit den in diesem Dorf lebenden und arbeitenden Menschen liegen. Wir sollten uns einlassen auf das, was die Leute dort für uns vorbereitet hätten und uns in kleinen Gruppen der Führung unserer Gastgeber anvertrauen. Alle englisch sprechenden jungen Leute dieser Gegend seien aktiviert worden, um Unterhaltungen möglich zu machen. Wir sollten ruhig Fragen stellen, dürften nach Aufforderung öffentliche Gebäude und auch Wohnhäuser betreten, aber bitte mit dem gebotenen Respekt und freundlicher Zurückhaltung. Fotografieren? Ja schon, aber bitte vorher fragen …

Jetzt war ich dann doch gespannt. Und, um es kurz zu machen: Wir verbrachten einen wunderbaren und mit Sicherheit einen der eindrucksvollsten Tage dieser Reise – zusammen mit Menschen, die sich auf uns und unseren Besuch freuten. Am Nachmittag bei der Verabschiedung hatten wir alle das Gefühl, etwas Einmaliges erlebt zu haben. Wir hatten viel darüber gelernt, wie man durch Entwicklungszusammenarbeit vorankommen kann, generell und ganz konkret in diesem Dorf. Aber vor allem hatte jeder von uns seine eigenen Erlebnisse – in der Dorfschule, in der kleinen Krankenstation oder durch ein kurzes persönliches Gespräch. Schon auf der Rückfahrt zum Hotel entwickelte sich im Bus eine angeregte Diskussion, die wir nach dem Abendessen in lockerer Atmosphäre fortführten. Und neben all den positiven Ereignissen des Tages kam dann doch auch Nachdenklichkeit auf: Wie viele Besuche von Reisegruppen verträgt so ein Projekt, ohne dass es für die Gastgeber zur Belastung wird? Was ist, wenn die erste Euphorie und die ersten spannenden Erlebnisse zur Routine werden? Wie können solche Besuche gestaltet werden, damit die Gastgeber auch finanziell davon profitieren?

Eine solch tief gehende Diskussion am Ende eines erlebnisreichen Tages hatte ich nicht erwartet. Was war der Schlüssel zum Erfolg? Warum verlief dieser Projektbesuch anders als alle, die ich zuvor erlebt hatte? Hauptgrund war wohl die perfekte inhaltliche und organisatorische Vor- und auch Nachbereitung dieses Tages durch Philipp, unseren Reiseleiter. Er hatte nicht nur seine Reisegruppe, sondern vor allem auch die Projektleiter und Dorfbewohner vorbereitet auf das, was an diesem Tag auf sie zukommt. Wir waren alle neugierig aufeinander, wollten etwas erleben und lernen. Sich mit Neugier, Offenheit und Respekt auf etwas einzulassen – das war der Schlüssel zum Erfolg. ■

Dietlind von Laßberg

Projektbesuche auf Reisen

Unter deutschen Reiseveranstaltern sind vier Fünftel der Ansicht, dass der Urlaubstourismus das Verständnis für die Probleme von Entwicklungs- und Schwellenländern fördere. Urlauber, die diese Länder schon bereist haben, teilen nur zur Hälfte diese Auffassung. Laut einer Untersuchung des Studienkreises für Tourismus und Entwicklung möchte ein Drittel der Urlauber sehr gern einmal ein Entwicklungsprojekt besuchen, das aus Deutschland unterstützt wird. Ein weiteres Drittel ist unentschlossen. Die Bereitschaft ist also durchaus vorhanden, die praktische Umsetzung aber nicht immer einfach: Entwicklungsprojekte müssen für Besuche auch geeignet sein, bei organisierten Rundreisen oder Ausflugsprogrammen müssen sie an der Reiseroute liegen, geeignete Ansprechpartner im Projekt müssen gefunden werden für eine gemeinsame gute Vorbereitung. Projektbesuche sind daher auch nicht ganz unumstritten. Unter anderem wird argumentiert, die Kürze der Besuche lasse keine wirklichen Kontakte auf Augenhöhe zu, die Vermittlung eines tieferen Verständnisses der Ziele der Entwicklungszusammenarbeit könnten nicht adäquat vermittelt werden.

Märkte der Welt

Die Frauen in der usbekischen Stadt Margilan verkaufen das Original: Das exotische Ikatmuster hat schon Generationen von Hippies begeistert. Auch Mode kann Völkerverbindendes leisten.

Jedes Ding hat seine Ordnung, seinen Sinn und seinen Zweck. Vielleicht einen überraschenden, einen, an den man nicht gedacht hat, bis man die Augen öffnet und den Blick in eine unbekannte Richtung lenkt.

Auf den Märkten dieser Welt ergeben sich solche Chancen. Wozu sind die getrockneten Insekten gut, die auf dem Lebensmittelmarkt im mexikanischen Oaxaca verkauft werden, wozu der Wurm im Meskal-Schnaps? Berge duftender Gewürze auf einem orientalischen Markt lassen sofort an ausgefallene Gerichte denken. Wofür verwendet man sie? Wie schmeckt das? Sind die getrockneten Kräuter auf dem Hexenmarkt in La Paz tatsächlich eine erprobte Apotheke der Natur? Die bolivianischen Händlerinnen zumindest behaupten das steif und fest. Schließlich sei die Gesundheitsversorgung auf dem Land nicht lückenlos, argumentieren sie, und da müsse man sich eben zu helfen wissen – und das seit Jahrhunderten.

Überall auf der Welt kann der Besucher von Märkten einen Blick in eine fremde Lebenswelt erhaschen. Sei es bei Kräutern und Gewürzen, Schmuck und Mode. Welche Frau, die sich gern schmückt, verliebt sich nicht in die klappernden indischen Armreifen, in den zarten Goldschmuck Ägyptens? In der usbekischen Stadt Margilan beispielsweise öffnet sich auf dem Markt ein Tor zur persischen Formenfülle, zur Feuerkultur des Zarathustra. Seide ist in prachtvollsten Farben und Mustern zu haben. Die Frauen Usbekistans tragen lange bunte Kleider und Schals, die um das Haar gewickelt werden. Und gleich stellt sich die Frage: Sind die usbekischen Frauen wegen ihrer langen Röcke und bedeckten Haare weniger emanzipiert als wir? Welche Bedeutung haben die Muster?

Auch Trendscouts schwärmen auf Märkte aus, stets auf der Suche nach exotischen Mustern und Schnitten. Alljährlich wird von der Modeindustrie ein neuer Trend ausgegraben, werden traditionelle Bekleidungsstücke aus China, Japan, Afrika, Russland oder Südamerika zum Style des Jahres gekürt. »Menschenfreundliche Globalisierung« nannte das der Journalist Michael Hierholzer. Auch Mode und Bekleidungsformen können einen interkulturellen Dialog in Gang bringen.

Und so werden Märkte zum Begegnungsort zwischen Reisenden und Einheimischen. Ganz unverstellt kann man hier seine Neugier stillen nach dem Fremdartigen und Ungewohnten und Fragen unterbringen, die durchaus erwünscht sind. Hier wird erklärt und verhandelt. Und: Man bricht aus der eigenen gedanklichen Begrenzung aus. ■

Susanne Asal

Ich bin so weiß!

Auf diese Reise hatte ich mich gefreut und gewissenhaft vorbereitet. Zum ersten Mal würde ich den Kontinent verlassen Das Ziel hieß Tansania. Wir hatten etwas Suaheli gelernt und Kontakte zu Leuten im Land geknüpft.

Worauf ich nicht vorbereitet war: dass ich weiß bin. So wirklich durch und durch weiß. Ich stand am Flughafenzoll in Daressalam, mein Rucksack wurde überprüft. Mir ging durch den Kopf: Bei Fragen wende dich an den, der eine Brille trägt, der kann nämlich lesen und schreiben. Erwischt. Wer hat Angst vorm schwarzen Mann? ICH!

Meine Freundin war genauso weiß wie ich und dazu blond und langmähnig. Eine bessere Begleitung hätte ich mir nicht wünschen können. Kamen wir in entlegene Regionen, die mit Bussen kaum zu erreichen waren, wurden wir angestarrt, in die Arme gezwickt und an den Haaren gezupft. Gibt es ein solches Wesen überhaupt, fragten die Blicke. Lebt sie, atmet sie? Die Zurückhaltung fiel, neugieriges Anstarren auf beiden Seiten war absolut normal. Wir sagten auf Suaheli: »Wir kommen aus Deutschland.«

Die Frauen untersuchten unsere Jeans, wir ihre farbenprächtigen Kleider und Kopfputze. Unter dieser unverblümten Neugier schmolz dahin, was zuvor noch an Unsicherheit existiert hatte. Es schmolz wie Eis in der Wüste.

Die wahren Abenteuer ...

... muss man leben und in die Welt hinaustragen«, sagt Hubert von Goisern – und das könnte als Motto seines Schaffens gelten. Der 1952 im österreichischen Bad Goisern geborene Hubert Sullivan-Achtleitner, der seinen Heimatort zum Künstlernamen machte, ist Weltmusiker und Querdenker. Aufgewachsen mit Volksmusik in der beschaulichen Berglandschaft des Salzkammerguts, zieht es ihn früh hinaus in die Welt, denn schon damals hat er sich in der Heimat als Fremder gefühlt. »Ich habe mich als Außenseiter empfunden. Als einen, der überall angeeckt ist. Ich hatte nicht das Gefühl, dass ich gesellschaftlich integriert war«, erzählt er.

Seine ersten Stationen sind Südafrika, dann Kanada und schließlich die Philippinen. Dort machen ihn die Kalingas – ein Volksstamm von ehemaligen Kopfjägern – mit dem Spielen der Nasenflöte vertraut: Nicht mit dem Mund, sondern mit der Nase wird Atemluft in die Flöte geblasen. Im Gegenzug zeigt Hubert ihnen die österreichischen Volkslieder und eröffnet sich selbst dadurch einen ungeahnten, neuen Zugang zu seiner eigenen Volksmusik: »Ich kam in den Jahren in der Fremde mehr dazu, mich mit meinen Wurzeln zu beschäftigen, mit dem, was ich vorher abgelehnt hatte: zum Beispiel dem Jodler. Über allem lag für mich früher die Völkstümelei, der Schatten des Nationalsozialismus – aber ich konnte spüren: Da war etwas, in den alten Melodien, was mich berührt hat.« Hubert kehrt dann zurück in die Heimat, wird professioneller Musiker und entwickelt musikalische Projekte im Spannungsfeld zwischen Welt- und Volksmusik.

»Musik ist eine Sprache, die verbindet«, sagt er, »ganz egal, woher du kommst und wie deine Musik klingt. Du bringst deine Tradition mit, sozusagen als Geprächsbasis, und musst dann die Kraft und die Lust haben, darauf aufzubauen und das Ganze im Dialog weiterzuentwickeln.« Stationen seiner musikalischen Begegnungsreisen sind Tibet, wo er gemeinsam mit tibetischen Künstlern einen ganz neuen Sound erschafft – traditionelle tibetische Klänge, gemischt mit Reggae und Technorhythmen –, Ägypten, die Kapverden. Im Senegal und in Burkina Faso besucht er kleine Dörfer, wo ihn die Bewohner mit ihren traditionellen Gesängen empfangen und im Gegenzug zu den Liedern tanzen, die Hubert auf dem Akkordeon spielt. Er selbst sieht in der musikalischen Begegnung eine Form des Austauschs, die so nur in der Musik stattfinden kann. Denn er will damit vor allem eines: »mehr Bewusstsein für diese Welt schaffen – für ihre Probleme, aber auch für ihre Schönheiten«. ■

Katharina Amling

Dankbar für Nachsicht

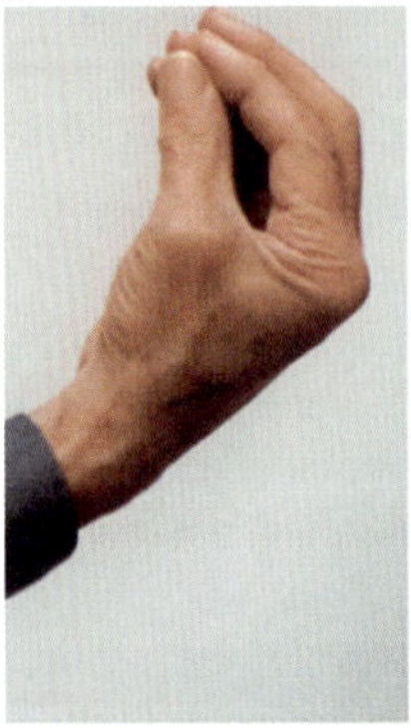

Was willst du?

Italien

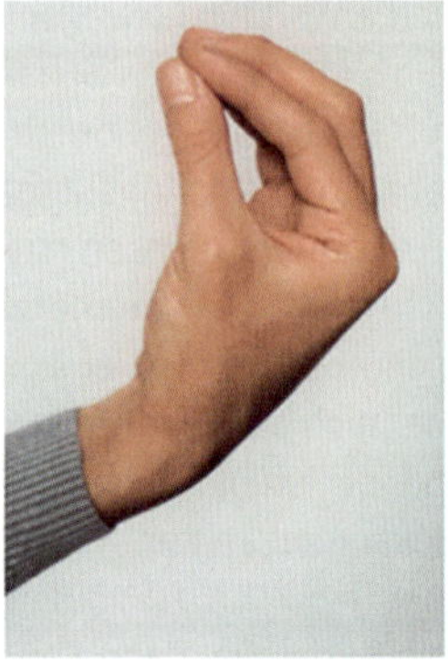

Klein. Wenig.

Kongo-Kinshasa

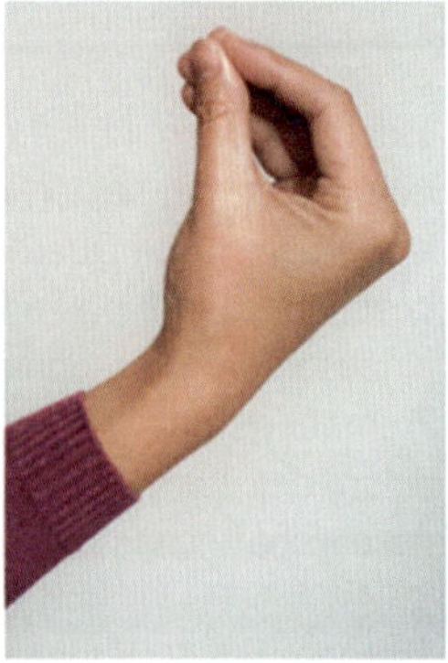

Schön. Gut.

Türkei

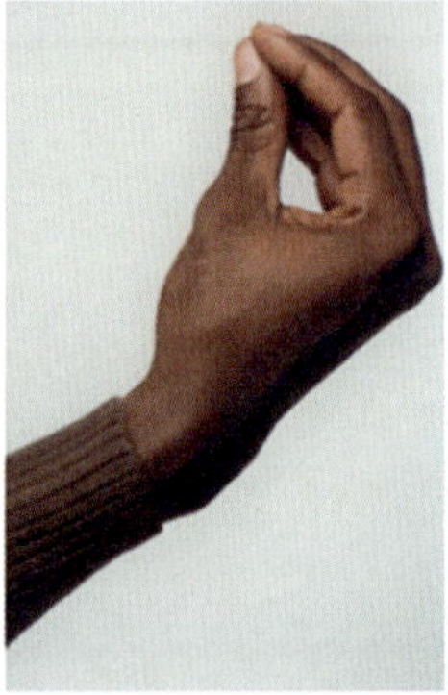

Gedulde dich.

Ägypten

Dicht gedrängt stand unsere Reisegruppe an der Rampe für die Wassertaxis am Chao-Phraya-Fluss in Bangkok. Beim Betreten des Bootes wurde ich von hinten gedrückt, verlor das Gleichgewicht und fiel gegen einen orangegewandeten buddhistischen Mönch. Er sah mich erst überrascht, dann ärgerlich an. Die umstehenden Thais bedachten mich ebenfalls mit missbilligenden Blicken. Ich hatte ganz offensichtlich etwas falsch gemacht – doch mir war nicht bewusst, was.

Später erklärte mir die thailändische Reiseführerin Pimchan, dass Mönche sich in Thailand an strengere Regeln halten als beispielsweise katholische Geistliche. Ihnen ist jeglicher Körperkontakt mit Frauen untersagt. Durch mein Missgeschick hatte ich den Mönch auf dem Boot in höchste Bedrängnis gebracht.

Die meisten von uns kennen das unangenehme Gefühl des Fremdseins in einer anderen Kultur. Was auf den ersten Blick noch exotisch und faszinierend wirkt, kann auf den zweiten auch verstörend sein. Der Umgang mit sichtbarer Armut, bettelnden Kindern und offenkundiger Korruption fällt uns oft schwer und ruft Verunsicherung hervor. Auch bei der Kommunikation können wir Unterschiede wahrnehmen. In Lateinamerika ist es nicht unüblich, sich während eines Gesprächs zu berühren – das kann ein Schulterklopfen, ein Armauflegen oder ein Abklatschen der Hände sein. Wildes Gestikulieren gehört zum guten Ton. In asiatischen Ländern dagegen wird Körperkontakt eher vermieden. Hier sollte man sich in höflicher Zurückhaltung üben. Auf Gefühlsausbrüche erntet man eher peinliches Schweigen. Gelassenheit und Sanftmut werden geschätzt.

Vielerorts besitzt das gesprochene Wort eine andere Relevanz. Versprechen und Vereinbarungen haben einen unterschiedlichen Grad an Verbindlichkeit. Der Musiker Alexis aus

Bolivien hat die Zuverlässigkeit der Deutschen schätzen gelernt. »Am Anfang ist es mir in Deutschland sehr schwergefallen. Alle waren so kühl und reserviert. Hier dauert es viel länger, Leute kennenzulernen, aber wenn man dann Freunde gefunden hat, kann man sich auf sie verlassen. In Bolivien sind die Leute nett und zuvorkommend, man kommt schnell ins Gespräch, man verabredet sich, aber dann hört man auch nichts mehr von ihnen.«

Und wenn man das dritte Mal nach dem Weg fragen muss und immer noch keine verbindliche Auskunft bekommt, kann das schon frustrierend sein. Meine Lieblingsantwort auf die Frage, ob man mir den richtigen Weg erklären könne, bekam ich auf Bali: »Saya kurang tahu«, was so viel bedeutet wie »Ich weiß weniger«. Ich nahm dann ein Taxi.

»Urteile niemals über einen Menschen, ehe du nicht eine Meile in seinen Mokassins gelaufen bist.«

Indianisches Sprichwort

Auch bei nonverbaler Kommunikation kann es leicht zu Missverständnissen kommen. Auf meiner ersten Studienreise nach Indien verzweifelte ich schier beim Handeln auf dem Markt. Obwohl ich für einen Sari einen immer höheren Preis bot, erntete ich nur Kopfschütteln beim Verkäufer. Dass dieses Hin- und Herwiegen des Kopfes »Ja« bedeutete und der Händler schon lange in den Preis eingewilligt hatte, war mir nicht bewusst. Umgekehrt musste er sich sehr gewundert haben, wieso ich freiwillig immer mehr bezahlen wollte.

Jedes Land hat seine eigenen Werte und Normen, Sitten und Bräuche. Auf Reisen in ferne Länder werden uns diese Unterschiede besonders deutlich. Oft merken wir gar nicht, dass wir die kulturellen Regeln des jeweiligen Landes verletzen, und sind dankbar, wenn die Besuchten Nachsicht mit uns üben. Wer seine Sinne öffnet und neugierig beobachtet, wird sicher viele wertvolle und lehrreiche Erfahrungen machen. Ein altes indianisches Sprichwort besagt: »Urteile niemals über einen Menschen, ehe du nicht eine Meile in seinen Mokassins gelaufen bist.« ■

Andrea Rudolf

Einübung **ins Fremde**

Je fremder ein Land ist, desto vertrauter fühlen sich die ersten Schritte an. Alles ist neu, aber die Mechanismen, sich in dem Unbekannten zurechtzufinden, die Linse der Wahrnehmung einzustellen, bis man einigermaßen sieht, gleichen sich. Am wichtigsten: jederzeit zu wissen, wie man zum Ausgangspunkt zurückkehrt. Dann: fürs Erste die Nahrungsfrage klären, also Einkaufen, Restaurants und so weiter. Neu: eine lokale SIM-Karte besorgen. Seit je: rasch den Instinkt entwickeln, was in welcher Himmelsrichtung liegt.

In der Stadt, in der ich vor ein paar Stunden gelandet bin, kommt allerdings hinzu, dass ich die Schrift nicht lesen kann. Sie liegt nur zwei Flugstunden von Köln entfernt, und doch habe ich, nur wegen der Buchstaben, die ich nicht entziffern kann, den Eindruck, so weit weg wie in China zu sein, orientierungsloser, als ich es ein paar Stunden nach Ankunft je gewesen bin. Nun ist der Westen in China einfach zu unwichtig, um die Straßenschilder auch englisch zu beschriften. Das kann man als Westler verstehen, darauf ist man sogar vorbereitet. Hingegen möchte die Stadt, in der ich vor ein paar Stunden gelandet bin, demonstrieren, dass der Westen unwichtig ist, und hat die lateinische Schrift deshalb von allen Beschilderungen entfernt. Und schon bin ich als Westler aufgeschmissen.

Mir geht auf, dass ich in meinem ganzen Leben nur den kleinen Teil der Welt bereist habe, in dem ich die Schriftzeichen zu einer Lautfolge zusammensetzen kann. Ich glaube zu begreifen, wie sich Analphabeten zurechtfinden oder Menschen, Flüchtlinge zum Beispiel, die es von weit her, wo sie nie die lateinische Schrift gelernt haben, nach Köln verschlagen hat. Ich muss mir die Gebäude und Plätze merken. Der Stadtplan ist durchaus nützlich, weil ich anhand des Straßenverlaufs und auch des Schriftbildes, also im Wortsinn als bloßes Bild gelesen, manchmal meinen Standort erkenne. An der Obstwaage im Supermarkt finde ich hingegen nicht den richtigen Knopf, um das Preisschild auszudrucken. Die Kennzahl der Äpfel – gut, aber dann gibt es zwei Tasten, die für die Bestätigung der Eingabe infrage kommen; weil sie am häufigsten gedruckt wurden, gänzlich abgerieben die Gravur. Und sooft ich auch auf die eine oder andere Taste drücke, druckt die Waage nicht den Aufkleber mit dem Gewicht und dem Preis aus.

Ich frage die ältere Frau, die hinter mir schon wartet, mich auch scheinbar ungeduldig beobachtet. Weil sie kein Englisch versteht, zeige ich abwechselnd auf das Obst und die Tasten. Endlich stellt sich heraus, dass sie genauso wenig weiß, wie die Waage bedient wird. Offenbar war sie gar nicht ungeduldig, als sie mich beobachtete, sondern interessiert. Immerhin wendet sie sich nach einer anderen, sehr stämmigen Frau um, die ebenfalls ihr Obst wiegen möchte. Während die Stämmige uns in der Landessprache erklärt, auf welche Tasten wir drücken müssen, nicke ich höflich, als würde ich verstehen, nur um wieder ratlos vor der Waage zu stehen, nachdem ich der Älteren den Vortritt gelassen habe. Sooft ich auf die Tasten drücke, es kommt kein Preisschild zum Vorschein.

Die beiden Frauen sind mit ihren Einkaufswägelchen auch schon weitergezogen, und noch jemand anders frage ich jetzt nicht mehr, die Schlange hinter mir ist schon recht lang. Lieber ziehe ich weiter und beobachte aus ein paar Metern Entfernung, während ich so tue, als suche ich Kekse aus, wie jemand anders die Waage bedient: Man muss beide Tasten nacheinander drücken. Rasch stelle ich mich wieder in die Schlange und drucke die fehlenden Preisschilder für mein Obst aus. Dafür weiß ich an der Kühltheke nicht, ob in dem weißen Plastikbecher tatsächlich Joghurt ist und nicht etwa Buttermilch oder Frischkäse. Mit welchen Gesten und Gebärden könnte ich nach Joghurt fragen? Der Hunger ist schon verflogen, aber am ersten Abend in einem fremden Land will ich mir kein Brot in der Küche schmieren. Also gehe ich auf die Straße und übe mich in der Tradition, am ersten Abend im schlechtesten Restaurant meiner gesamten Reise zu landen. Nur in der Stadt, in der ich vor ein paar Stunden gelandet bin, habe ich Glück und schreibe jetzt, während ich auf meine Bestellung warte, in einem großen, hohen, hell erleuchteten Saal, in dem sich wie auf der ganzen Welt Männergruppen jeden Alters und junge Pärchen treffen. Wenn es aussieht wie in einem voll besetzten Wartesaal, weiß ich, dass das Essen gut wird. Was ich bestellt habe, konnte ich freilich nicht lesen. ■

Navid Kermani

»Dónde comen tres **comen cuatro«**

Wo drei essen, werden auch vier satt, das ist die herzliche Einladung zum Sich-nicht-sorgen-Müssen, eine Regel, welche neben den Mexikanern auch die Venezolaner befolgen: »No te preocupes«, mach dir keine Sorgen, überlass das mir! Dies hat viel mit Ehre zu tun, mit Familiensinn und Zusammenhalt in einer Gruppe.

Und was hat es mit der »bella figura« auf sich, welche die Italiener ständig im Munde führen? Nein, dabei geht es nicht um die schöne Figur, sondern darum, dass man seiner Stellung gemäß erscheint, dass man stimmig auftritt.

do

Für philosophische Weisheiten ist China bekannt: »Lernen ist wie Rudern gegen den Strom. Sobald man aufhört, treibt man zurück.«

Berühmt sind die Sprüche Laotses: »Eine Reise von 1.000 Meilen beginnt mit dem ersten Schritt.«

Konfuzius sagt: »Wenn ein Freund von weit her kommt, ist das nicht auch eine Freude?«

don't

»Glaube nicht alles, was du hörst, und erzähle nicht alles, was du glaubst« lautet ein singhalesisches Sprichwort und bezeichnet damit die Nachteile der Geschwätzigkeit, die überall in Asien nicht als angenehm empfunden wird.

»Ein verlorener Hengst ist leichter wieder einzufangen als ein unbedacht ausgesprochenes Wort«, sagt man in der Mongolei.

Mehr zur interkulturellen Reisephilosophie des Studienkreises: www.sympathiemagazine.de

Quiz für Durchblicker

1. Sie berühren aus Versehen einen buddhistischen Mönch. Er reagiert ärgerlich,
A: weil Sie als Touristin für ihn nicht hübsch genug sind.
B: weil Mönchen jeglicher Körperkontakt mit Frauen verboten ist.
C: weil er sich wehgetan hat.

2. Wie vertreibt man in China böse Geister auf Friedhöfen?
A: Man entzündet Feuerwerkskörper.
B: Man verbrennt Räucherwerk.
C: Vor Betreten des Friedhofs wedeln alle heftig mit den Händen.

3. Wozu dient in Mexiko der Wurm im Meskal-Schnaps?
A: Er hat psychedelische Wirkung und wird als Droge verwendet.
B: Er gibt dem Schnaps eine rassige Note.
C: Er ist ein reiner Marketinggag.

Antworten auf S.78

Willkommen sein

Nach seinem Umzug in die USA traf der Sohn meiner Freunde auf der Straße das Nachbarsmädchen. Sie begrüßte ihn und lud ihn ein, sie zu besuchen. Der Junge war ganz aufgeregt, aber von dem Mädchen sah er nichts mehr, und der erhoffte Besuch wurde nie verwirklicht.

Möglicherweise war diese nebenbei ausgesprochene Einladung lediglich etwas, was bei einem ersten Kennenlernen üblich ist, also nicht mehr als ein Ritual. Ähnlich wie die Frage »how are you?«, die keinerlei konkrete und schon gar keine wahrheitsgemäße Antwort erwartet. Solche Nuancen richtig zu deuten und entsprechend zu handeln, fällt mitunter schwer, wenn man sich in einem nicht vertrauten Umfeld befindet. Gastfreundschaft steht hoch im Kurs als Werbemittel von Reiseagenturen. Offenbar suchen Touristen danach, willkommen zu sein – besonders in der Fremde. Dann fühlen sie sich gut aufgehoben, dazugehörig und sicher.

Ein Urlaub gilt oft als besonders gelungen, wenn wir die Kultur und den Alltag des bereisten Landes hautnah miterleben durften. Meist schließt dies den direkten Kontakt zu den Menschen vor Ort ein, manchmal den Besuch in einem Privathaushalt, bei einer Familie. Wie aber sollen wir uns beim Betreten von unbekanntem Terrain benehmen?

Was müssen wir über die Gepflogenheiten der Gastgeber und das Verhalten als Gast wissen? Da gäbe es viel zu sagen, je nachdem wo und bei wem man zu Gast ist: Mancherorts ist es üblich, die Schuhe an der Eingangstür auszuziehen. Wenn man dann noch auf dem Boden sitzt, kann es schwierig werden, die Füße richtig zu verstauen. In manchen Ländern, wie zum Beispiel Thailand, darf die Fußsohle nicht auf eine Person zeigen. Es kann hilfreich sein, zu wissen, auf welcher Seite des Tisches die Frauen und auf welcher die Männer sitzen, oder ob Frauen gar in einem getrennten Raum bewirtet werden.

In Deutschland kann man sich durchaus weiße Rosen schenken, in China und Japan sollte man auf die Farbe der Geschenke achten: Weiß steht hier für Tod und Trauer. Andernorts ist es angebracht, zu wissen, ob ein alkoholisches Geschenk gut ankommt oder tabu ist. Mein italienischer Kollege und meine spanische Freundin finden es höchst sonderbar, wenn sie in Deutschland bei einer privaten Einladung einen Nudelsalat mitbringen sollen. Mit Fingerspitzengefühl und guter Beobachtungsgabe gilt es, herauszufinden, was in welcher Situation angemessen ist und warum.

In Russland und der Mongolei z.B. wird man aufgefordert, beherzt zuzugreifen, sobald der erste Happen auf den Tisch gekommen ist. In Japan gebietet es die soziale Norm der Bescheidenheit, dass die Köchin sich mehrfach für das Mahl entschuldigt, hierzulande wird das Lob für ein Menü mit einem geschmeichelten Lächeln angenommen. Wichtig ist beinahe überall, dass nicht alles aufgegessen wird. Der Gastgeber will das Gefühl haben, dass es an nichts gemangelt hat – ein blank geputzter Teller und leer gegessene Schüsseln könnten davon zeugen, dass der Gast nicht richtig satt geworden ist.

Nicht nur private, auch geschäftliche Zusammenkünfte drehen sich häufig ums Essen. Gern plaudert man in Asien in lockerer Atmosphäre an einem üppig gefüllten Tisch. Es geht darum, den Geschäftspartner kennenzulernen und wichtige Details eines geplanten Geschäfts in informeller Weise anzugehen. Hier gelten oft besondere Regeln: Als Gast tut man meist gut daran, zu warten, bis einem der vorgesehene Sitzplatz zugewiesen wird; es geht um Rang und Namen. Es fühlt sich gut an, wenn man willkommen geheißen wird, und ebenso gut, wenn man weiß, wie man weltweit ein gern gesehener Gast sein kann. ■

Petra Kiel

Huhn mit Kopf im Topf

Zum chinesischen Neujahrsfest fuhr ich mit einer Studienkollegin im Zug Richtung Süden. Unterwegs begegneten wir einer Studentin, die unglaublich aufgeregt war, zwei Ausländerinnen zu treffen. Sie bestand darauf, uns nicht nur die lokalen Sehenswürdigkeiten, sondern auch ihre Familie vorzustellen. Wir freuten uns sehr über die Gelegenheit, beim Abendessen mit der Familie unser Chinesisch ausprobieren zu können. An einem niedrigen Tischchen sitzend, plauderten wir, bis das Essen auf den Tisch kam: Ein im Ganzen gekochtes Huhn saß in einer großen Suppenschüssel, seinen Hals und Kopf über den Rand gestreckt. Es schien mich in Augenhöhe anzulächeln. In diesem Moment war ich froh, Vegetarierin zu sein.

»In China essen wir alles, was vier Beine hat, außer dem Tisch, und alles, was fliegen kann, außer dem Flugzeug.« In Deutschland kann sich kaum jemand vorstellen, eine Katze oder einen Hund zu essen. In Ecuador kommt das Meerschweinchen auf den Tisch, in Frankreich sind es Froschschenkel.

Win-win: Auf die Reiseleitung kommt es an

»Es kommt auf die Reiseleitung an!«, sagt Paulina. Sie betreut seit sechs Jahren als Reiseleiterin **Gruppenreisen** nach Peru und hat sich intensiv mit den Erwartungen ihrer Gäste und denen der Einheimischen beschäftigt. »In meinen Reisegruppen ist das Interesse an der Begegnung mit Menschen stark ausgeprägt. Meine Gäste haben viele Fragen im Kopf, die sie gern stellen würden.« Wovon leben die Peruaner, wo kaufen sie ein, wie feiern sie Feste, wie leben sie ihre Religion, wie ist das Schulsystem, das Gesundheitssystem organisiert, wer kümmert sich um die Älteren? Es gehe darum, im Rahmen von **Begegnungen** persönlich zu erfahren, was die Menschen begeistert, was sie sorgt, welche Strategien sie gefunden haben, um mit den Herausforderungen des Lebens umzugehen. »Die **Neugier** meiner Gäste ist groß, und sie freuen sich, mit mir in das Land einzutauchen.« Allerdings sei dieser Wunsch in der begrenzten Reisezeit nicht immer leicht zu realisieren. Für Paulina ist daher eine gute Reiseleitung der Schlüssel, damit die Reise ein Erlebnis wird – für beide Seiten.

Ein guter Reiseleiter oder eine gute Reiseleiterin müsse, egal, wo er oder sie gerade mit einer Gruppe unterwegs sei, es auch selbst als große **Bereicherung** empfinden, neue Landschaften, Menschen und Kulturen kennenzulernen. Und genau diese Begeisterung, so Paulina, bereichere auch das **Reiseerlebnis** ihrer Gruppen. Sie selbst versteht sich als eine Art Brückenbauerin: »Aber«, fügt sie gleich hinzu, »die Brücke kann man nicht einfach von einer zur anderen Seite bauen, sondern nur von beiden.« Ihre Rolle entspricht also mehr der einer Architektin. Sie versucht, beide Seiten zusammenzubringen. »Ich muss sowohl die Gäste als auch die Einheimischen, die wir treffen, gut vorbereiten, informieren und Raum schaffen für eine **Interaktion.**« Nur so werde ein Besuch zu einem Erlebnis. Wie etwa in der Papierrecyclinganlage in Arequipa, die sie mit ihrer Reisegruppe gerade besichtigt hat. Die Besitzerin des Unternehmens hatte sich auf die Begegnung gut vorbereiten können, hat Getränke und Snacks besorgt. Für sie und ihr **Team** war es eine interessante Abwechslung, und die Reisegruppe hat viel über sozialen Wandel und das wachsende Umweltbewusstsein in Peru gelernt. »Sowohl für die Mitarbeiter der Firma als auch für meine Gäste wird ein solcher Besuch zu einem **Highlight,** und die Rundreise durch das Land erhält eine weitere spannende Facette.«

Für Paulina besteht die Aufgabe der Reiseleitung nicht nur darin, etwas zu geben, beispielsweise Informationen, sondern vielmehr darin, etwas zu teilen – eine **Motivation,** die am Ende alle Beteiligten bereichert: die Gäste, die Einheimischen und sich selbst.

Paulina weiß, dass manche erfahrene **Reiseleiter** dem Tourismus auch kritisch gegenüberstehen, insbesondere wenn er sich, wie in Peru, in Richtung Massentourismus entwickelt. Dennoch sehen viele einen hohen **Sinn** in ihrer eigenen Arbeit. Für sie ist Tourismus auch ein Instrument für Entwicklung, insbesondere von ländlichen Regionen mit hohem Natur- und Kulturwert. Und sie wissen, dass ein echtes Interesse auf Seiten der Reisenden auch die Wertschätzung der Besuchten für »ihre« Natur und **Identität** steigert sowie das gegenseitige Verständnis zwischen unterschiedlichen Kulturen fördert.

Eine gute Reiseleitung, meint sie, die sich sowohl in der Kultur ihrer Reisegruppe als auch in der des Gastlands auskennt, könne zu positiven Begegnungen und **Einstellungen** anregen. »Wer im Rahmen eines Reiseprogramms einen engagierten Biologen kennenlernt, der sich dem Schutz der Artenvielfalt widmet, verzichtet gern auf den Kauf von eingerahmten Schmetterlingen.« ■ *Gökhan Tuncer*

Brückenbauer zwischen den Kulturen

Ob in Peru oder Kuba, in Jordanien oder Südafrika, in der Türkei, in Kasachstan oder anderswo … Die interkulturellen Trainingsseminare für Tourguides, die der Studienkreis für Tourismus und Entwicklung e.V. seit vielen Jahren durchführt, wollen Reiseleiterinnen und Reiseleiter motivieren, sich ihrer Schlüsselrolle als Brückenbauer zwischen den Kulturen bewusst zu werden und diese aktiv wahrzunehmen.

Dabei geht es um Kultur, Religion, Politik, Wirtschaft und Alltag im Gastland – um Gemeinsamkeiten und Unterschiede mit dem Herkunftsland der Urlauber. Und darum, auch schwierige Themen mit den Reisegästen gekonnt und spannend zu erörtern – etwa zu Fragen wirtschaftlicher Entwicklung, zu Menschenrechtsverletzungen, Korruption, religiösem Extremismus oder Umweltproblemen. Infos unter: ***www.tourguide-qualification.org***

Die andere Seite der **Medaille**

Der TO DO!-Wettbewerb des Studienkreises für Tourismus und Entwicklung zeichnet sozialverantwortliche touristische Projekte aus, bei deren Planung und Realisierung die unterschiedlichen Interessen und Bedürfnisse der ortsansässigen Bevölkerung auf breiter Basis sichergestellt sind.
Mehr dazu:
www.to-do-contest.org

Links im Bild einer der TO DO!-Preisträger von 2013: Das Chambok Community Based Ecotourism Project in Kambodscha besteht seit 2003 und wurde in Kooperation mit der regionalen NGO Mlup Baitong entwickelt. Inzwischen wird es von einem demokratisch gewählten Komitee selbst verwaltet. Diesem gehören laut Satzung mindestens drei Frauen an. Bereits bei Projektbeginn waren alle neun Dörfer der Gemeinde mit den dort lebenden 750 Familien an allen Prozessen der Planung und Entscheidungsfindung beteiligt.

TO DO!
C O N T E S T

Für viele Menschen hierzulande bedeutet »Urlaub machen« fast immer Reisen. Die meisten möchten dabei die »schönsten Wochen des Jahres« in Mittel- oder Südeuropa verbringen, einige aber auch in ferneren Ländern – organisiert als Pauschalreise oder auf eigene Faust. Badeurlaub ist dabei nach wie vor die populärste Urlaubsart, man will ausruhen, faulenzen, sich erholen. Für manche ist auch das Kennenlernen fremder Länder und Kulturen wichtig, das Kontakteknüpfen mit Menschen, die dort leben.

Nur wenige fragen sich dabei, was in den touristischen Zielgebieten geschieht. Denn wenn Millionen Urlauberinnen und Urlauber unterwegs sind, hat das Auswirkungen auf die Umwelt und auf soziale und wirtschaftliche Strukturen in den Reiseländern, insbesondere in den ärmeren und weniger entwickelten: Einerseits kommen Devisen ins Land, werden touristische Infrastrukturen errichtet, Arbeitsplätze geschaffen und Kultur- und Naturdenkmäler erhalten. Auf der anderen Seite entstehen Hotels, Flughäfen und Straßen dort, wo bisher unberührte Landschaften waren, von tourismusbedingten Müll-, Abwasser- und Trinkwasserproblemen mal ganz abgesehen. Arbeitsplätze für Einheimische sind oft nur saisonal vorhanden oder schlecht bezahlt, Mitsprache- oder Mitbestimmungsrechte gibt es kaum. Von Tourismusentwicklung wird auch dann noch gesprochen, wenn – im Extremfall – Menschen ihre Dörfer verlassen müssen, weil Hotelkonzerne gerade dort Luxusresorts errichten möchten.

Kamen Rufe nach »sanftem Tourismus« und »respektvollerem« Reisen anfänglich eher aus der tourismuskritischen Szene, sind sie heute unter dem Schlagwort »mehr Nachhaltigkeit beim Reisen« in der Mitte unserer Gesellschaft angekommen. Nachdem Bio- und Fair-Trade-Produkte auf dem Weg sind, »state of the art« zu werden, wird auch im Tourismus der Ruf nach einem ökologisch und sozial unbedenklicheren Urlaub lauter: Anfang 2014 wünschten sich – laut Reiseanalyse – 32 Prozent der Deutschen einen ökologisch verträglichen, ressourcenschonenden und umweltfreundlichen Urlaub, beim Thema Sozialverträglichkeit ist die Zustimmung etwas höher. Ein weiteres Viertel der Bevölkerung ist für die Thematik grundsätzlich sensibilisiert.

Manche Reiseunternehmen reagieren: Sie haben erkannt, dass es letztendlich allen zugute kommt, wenn sie sorgsam mit natürlichen Ressourcen umgehen, regionale Wirtschaftskreisläufe erhalten und Einheimische in touristische Entwicklungsprozesse einbeziehen. Sie stellen ihren Reisenden Informationen über das jeweilige Urlaubsland und die dort lebenden Menschen zur Verfügung, bilden ihre Reiseleiter interkulturell weiter, bieten Kompensationszahlungen für den CO2-Verbrauch an oder engagieren sich selbst mit Stiftungen für Umwelt- und Sozialprojekte in Reiseländern. Einige haben erkannt, dass nur eine Win-win-Situation, in der auch die Bevölkerung in den Zielgebieten an der Tourismusentwicklung teilhat und von ihr profitiert, alle Beteiligten bereichern kann.

Die touristischen Entscheidungsträger in den Reiseländern selbst tun sich häufig (noch) schwer mit dem Thema Nachhaltigkeit bzw. nachhaltige Tourismusentwicklung. Gerade in Entwicklungs- und Schwellenländern gibt es selten klare Vorstellungen darüber, welche Tourismusentwicklung im konkreten Fall für ein Land sinnvoll ist. Noch liegt der Fokus von »Entwicklung« hier meistens auf »weiter, höher, mehr«. Dass aber weniger manchmal mehr sein kann, dass Entwicklung auch etwas mit menschlicher Würde und Gerechtigkeit zu tun hat – so denken viele (noch) nicht.

»Es muss wohl jede Generation zu jeder Zeit unter den jeweiligen Gegebenheiten eigene Erfahrungen sammeln und ihre eigene Reisekultur neu entwickeln«, schrieb die Reisejournalistin Rosemarie Noack 1999 im SympathieMagazin »Tourismus verstehen«. Vielleicht sind wir inzwischen reifer geworden für eine nachhaltige Reisekultur … ■

Dietlind von Laßberg

Bloggertipps

Virtuelle Freunde

Früher war es die Brieffreundschaft, heute sind es die sozialen Netzwerke, Blogs und Foren im Internet: Sich mit Gleichgesinnten aus allen Ländern der Erde auszutauschen ist eine großartige Sache – und so einfach wie nie. Schnell ist ein Kommentar geschrieben oder ein »Gefällt mir« gesetzt. Die Möglichkeit, dass daraus ein netter Austausch wird, ist groß. Manchmal, und durch die Fülle der Kontakte gar nicht so selten, entsteht auch der Wunsch nach mehr. Denn der virtuelle Kontakt ist nur eine Ebene. Sich persönlich zu treffen und gemeinsame Erlebnisse zu haben, kann Motivation für eine Reise sein.

Steht man sich dann gegenüber, ist es oft so, als würde man sich schon ewig kennen, so viel hat man aus dem Leben des anderen bereits mitbekommen. Trotzdem kann aus der realen Begegnung auch etwas Neues entstehen, vielleicht sogar Freundschaft.

Wenn heute die Frage aufkommt, woher wir uns kennen, kann ich bei vielen meiner Freunde mit einem Lächeln antworten: »Aus dem Internet!«

»In der **Ferne** senkt sich ein prächtiger Regenbogen aufs Wasser herab. Wer dort den Schatz suchen will, muss tief tauchen: Wir stehen am Ufer des Baikalsees, des tiefsten und ältesten Sees der Welt«, so werde ich den **Bericht** beginnen, dazu Fotos und vielleicht ein mit Musik unterlegtes Video einbinden. Von meinen Mitreisenden werde ich berichten, von den Russen, mit denen ich geredet habe, und von dem Gefühl, mit dem Zug durch Sibirien zu fahren. Dies wird nach der Reise auf meinem Reiseblog geschehen. Schon während der Fahrt werde ich **Eindrücke** auf Social-Media-Kanälen wie Facebook, Twitter und Instagram veröffentlichen. Nur Fotos, kurze Sätze. Und aus all diesem Stückwerk wird am Ende ein Bild dessen entstehen, was ich erlebt habe. Für alle sichtbar, die es interessiert. Und für den Leser völlig kostenlos. Ich bin damit nicht allein. Es gibt im deutschsprachigen Raum mittlerweile mehrere Hundert aktive **Reiseblogs** mit einer Vielzahl an Ausrichtungen in Themenwahl und Anspruch. Zwei grundsätzliche Typen kann man jedoch unterscheiden:

Der Reiseblog als **Ratgeber** bedient vor allem Nutzer, die konkret nach Antworten suchen. Ob Fragen zur Backpacking-Ausrüstung, Tipps zu sehenswerten Plätzen oder Reisemotivation für Unentschlossene: Hier findet man Auskünfte rund um Urlaub und Reise. Im Gegensatz zu klassischen Reiseführern sind die **Informationen** unvollständiger und subjektiver zusammengestellt. Doch das ist Teil des Konzepts – der Reiseführer soll nicht ersetzt werden. Vielmehr wird er ergänzt durch aktuelle und auf bestimmte Zielgruppen zugeschnittene Angaben.

Die zweite Hauptgruppe der Reiseblogs verfolgt einen etwas anderen Ansatz. Ob Weltreisender, der Tagebuch führt, oder Erzähler von kleinen Episoden: Diese Form des Reiseblogs dreht sich um persönliche Erlebnisse und dient als **Inspirationsquelle.** Der Leser kann die

Abenteuer des Reisenden verfolgen; je stärker der Leser diese auch miterleben kann, desto besser hat der **Blogger** seine Arbeit gemacht. Die Geschichten können lustig sein oder spannend, mitfühlend oder poetisch – es gibt nur eine Todsünde: langweilig zu sein. In der Regel vereint der Reiseblog ein bisschen von beiden Gruppen: mal eine Geschichte, dann eine Fotostrecke oder ein Video und Tipps zu Unterkünften, Kulinarischem oder zum **Verhalten** in den jeweiligen Kulturen.

Der Blogger ist als Person präsent. Er erzählt von seinen eigenen Erlebnissen, Gedanken und Gefühlen, und von den Orten, die ihn begeistert haben. Auch ist der Reiseblogger ansprechbar: Über die Kommentarfunktion kann man zum Thema Stellung nehmen oder weiterführende Fragen stellen oder per E-Mail, Chat oder Social Media **Kontakt** aufnehmen. Die Identifizierung mit Bloggern fällt so leichter als bei den mehr oder weniger anonymen Autoren von Zeitungen, Magazinen oder Reiseführern. Dazu kommt die Berichterstattung in verschiedenen Kanälen der Social Media. Diese werden vor allem genutzt, um während der Reise kurze **Updates** zu veröffentlichen.

Reiseblogs haben viele andere Medien als Inspirationsmedium überholt. Das liegt auch an den Personen, die einen Blog erstellen: Sie sind begeisterte Reisende, die nur ungern ein **Abenteuer** auslassen. Also probiert man, wie Skorpione in China schmecken, stürzt sich samt Kamera einen Wasserfall hinunter oder fährt mit dem Motorroller durch Saigon. Solche, aber auch die »klassischen« Erlebnisse zeigen dem Interessierten, was möglich ist.

Gleichzeitig interessieren sich Blogger für die Bewohner und die Kultur des Landes, das sie bereisen. Was sie über ihre **Begegnungen** berichten, zeigt dem Leser, dass man sich auf das bisher Unbekannte durchaus einlassen kann. ■

Johannes Klaus

Steckbrief weckt Neugier

Als ich den Steckbrief meiner Austauschschülerin bekam, konnte ich es kaum erwarten. Raphaelle hieß sie. Klar hatte ich auch ein bisschen Angst, aber auf dem Foto sah sie echt nett aus, und es war so spannend, einen Menschen zu besuchen, den man noch gar nicht kennt. Schon auf der Zugfahrt wollte ich unbedingt die Namen ihrer fünf Geschwister lernen, aber das ging nicht – ich war viel zu aufgeregt. Zehn Tage Paris lagen vor mir und ganz viele neue Erfahrungen.

Als unsere deutsche Gruppe am Gare du Nord ankam, stellten wir erst mal fest, dass es gar nicht so einfach ist, Metropläne zu lesen. Nach zweimaligem Umsteigen kamen wir endlich an der Schule an. Dort wartete schon ein großes Buffet auf uns. Von Crêpes bis Käse hatten die Franzosen an alle Köstlichkeiten gedacht. Danach ging es in die einzelnen Familien. Ich war total aufgeregt. Auf dem Weg nach Hause erzählte mir Raphaelle, dass ihre Eltern getrennt leben. Die ersten sieben Tage sollten wir bei ihrem Vater, seiner Freundin und den fünf Geschwistern verbringen, den Rest bei ihrer Mutter.

Die Wohnung ihres Vaters war sehr geräumig und schön. Ich hatte sogar mein eigenes Zimmer, in dem ich allerdings wenig Zeit verbrachte. Außerdem gab es eine Köchin, die uns gleich wieder ein umwerfendes Essen gezaubert hat. Ich verstand schnell: Franzosen lieben gutes Essen. Samstagfrüh gingen wir auf den Hügel von Montmartre. Das war gar nicht weit weg, und die Gegend dort ist sehr schön. Am Sonntag waren wir bei Raphaelles Oma – wieder zum Essen, natürlich! Es war eine festliche Tafel gedeckt. Schwer war nur herauszufinden, welches Fleisch ich da genau aß, aber interessant hat es auf jeden Fall geschmeckt. Alle waren sehr nett zu mir. Als ich mich endlich traute, ein paar französische Sätze zu sprechen, waren alle begeistert und freuten sich, dass ich mich in ihrer Sprache unterhalten konnte. Nach dem Essen ist Raphaelles Vater mit uns ins erste Arrondissement gegangen. Da haben die Läden sogar am Sonntag geöffnet. Dann war das Wochenende auch schon vorbei, Raphaelle hatte Schule, und wir Kölner Austauschschüler haben die Stadt besichtigt. Mit Eiffelturm, Notre-Dame, Louvre und noch vielen anderen Sehenswürdigkeiten verging die Zeit wie im Flug. Am besten hat mir das Gemälde »Der Garten« von Monet gefallen. Einmal hatte unsere Gruppe auch Unterricht in der französischen Schule. Der ist übrigens echt viel strenger als in Deutschland.

In der zweiten Woche waren wir bei Raphaelles Mutter, mit der ich mich sehr gut verstanden habe. Wir saßen abends immer noch lange zusammen und haben uns auf Französisch über Politik, Kunst und Musik unterhalten. Tagsüber ist sie mit Raphaelle und mir an ihre Lieblingsplätze in Paris gefahren. Meistens war das in der Nähe der Seine oder in einem kleinen Park. Da fiel der Abschied am Ende schwer – aber ich konnte mich ja darauf freuen, Raphaelle bald in Köln wiederzusehen. Ich hoffe, sie hat diesen Austausch genauso genossen wie ich. ■ *Lea Oreyzi*

Reisen und Gutes tun?

Nach der Schule erst mal ins Ausland: Immer mehr junge Erwachsene entdecken den »Volunteer-Tourismus« – Urlaub kombiniert mit kurzzeitigen Freiwilligeneinsätzen – als neue Form des Verreisens. Sie möchten ihren eigenen Erfahrungshorizont erweitern und einen sozialen oder ökologischen Beitrag für das bereiste Land leisten. Laut der Arbeitsstelle Tourism Watch bei Brot für die Welt engagieren sich in Deutschland immer mehr Menschen in Freiwilligendiensten im Ausland. Für viele ist neben den etablierten Institutionen für Ein-Jahres-Einsätze wie »Weltwärts« (BMZ) und »Kulturweit« (Auswärtiges Amt, UNESCO) auch der Weg über einen Reiseveranstalter attraktiv. Über diesen können kurzfristige, erlebnisorientierte Einsätze, etwa in Schulen oder bei Umweltschutzorganisationen, gebucht werden.

Doch werden die Freiwilligen auch immer sinnvoll eingesetzt? »Die Aufenthaltsdauer ist meist sehr kurz und der Einsatz richtet sich oft mehr nach den Bedürfnissen der Reisenden als nach den Notwendigkeiten der Organisationen vor Ort«, kritisiert Antje Monshausen von Tourism Watch. In diesem Zusammenhang seien schlüssige Konzepte zur Auswahl und Vorbereitung der Reisenden unerlässlich – nicht jede Einsatzstelle ist für jeden Freiwilligen geeignet. Ebenso wichtig ist die Nachbereitung. »Nur so kann man einen dauerhaften Kontakt zwischen den Reisenden und den Organisationen vor Ort herstellen und die Potenziale der Freiwilligendienste ausschöpfen.«

Paola Widmaier, die nach dem Abitur an einer deutschen Schule in Nicaragua einen Freiwilligendienst mit »Kulturweit« absolvierte, fasst ihre Erfahrungen zusammen: »Ich habe Einblicke in verschiedene Tätigkeitsfelder bekommen und erlebt, wie es ist, wenn zwei Kulturen aufeinandertreffen.«

Das Ich und das Wir

Lachend liefen die Kinder über den Friedhof, in den Händen hielten sie bunte Totenköpfe aus Zucker und reich verzierte kleine Spielsärge aus Holz. Die Eltern picknickten an den mit Blumen, Kerzen und Süßigkeiten geschmückten Gräbern ihrer verstorbenen Verwandten. Es wurde gelacht, getrunken und gefeiert.

Als ich bei einer meiner Reisen nach Lateinamerika am »Día de los Muertos«, dem Tag des Gedenkens an die Toten, eingeladen wurde, einen Friedhof zu besuchen, erfasste mich die positive Stimmung sofort. Wie anders begehen die Menschen in Deutschland Allerheiligen, ging mir durch den Kopf. Zwar ist es auch bei uns weitverbreitet, die Gräber der Verstorbenen zu besuchen. Von ausgelassener Stimmung mit gemeinsamem Picknick kann jedoch keine Rede sein. Man bleibt für sich und gedenkt stumm.

Jede Kultur pflegt ihren eigenen Umgang mit Verlust und Tod. Das ergibt sich nicht zuletzt aus den verschiedenen Gesellschaftsmodellen, die in den Kulturen von Bedeutung sind. Religion und Familienbande spielen dabei eine wichtige Rolle. Die westliche Kultur ist weitgehend individualistisch geprägt – der einzelne Mensch steht im Vordergrund. Die lateinamerikanische ist mehr auf Gemeinschaft ausgerichtet. Das gemeinsame Erleben des Trauerns ist wichtig bei der Verarbeitung von Verlustgefühlen.

Gemeinsam trauern ist fast überall auf der Welt eine wichtige Erfahrung.

Auch in anderen Teilen der Welt wird Trauer fröhlich zelebriert. In Südafrika nahmen Zigtausende feiernd und tanzend Abschied von Nelson Mandela. Sie drückten damit ihre tiefe Trauer über den Tod ihres ehemaligen Präsidenten aus. In China ist es üblich, über Verstorbenen Feuerwerkskörper zu entzünden – zur Vertreibung böser Geister. Die Beerdigungszeremonien gleichen dort oft einer Zurschaustellung des Wohlstands des Toten. Und auf der indonesischen Insel Sulawesi werden alle drei Jahre die einbalsamierten Leichen der Verwandten exhumiert, neu eingekleidet und durchs Dorf getragen – bevor sie wieder in ihre Gräber gelegt werden. Was auf uns befremdlich wirken mag, ist dort ein wichtiges Ritual, um die tiefe Verbundenheit mit den Verstorbenen zu bekräftigen. ■ *Andrea Rudolf*

On the Road

Vom Unterwegssein, auf der Straße, auf den Schienen, im Auto, zu Fuß – oder gar auf dem Rasenmäher –, davon erzählen Roadmovies und lassen uns auf der Leinwand die Reise eines Helden miterleben, der auf seiner Suche nach Freiheit Menschen begegnet, die ihn beeinflussen – und ihn nicht selten am Ende vor allem mit seinem eigenen Innersten konfrontieren.

Das Roadmovie »Into the Wild« erzählt die wahre Geschichte von Christopher Mc Candless, der nach dem College-Abschluss seinen gesamten materiellem Besitz zurückließ und sich auf den Weg machte. Auf seiner Suche nach Freiheit wanderte er durch Gebirge, Wüsten und Städte, paddelte mit einem Kanu durch Flüsse bis in den Pazifik und landete schließlich in der Wildnis Alaskas.

Schon in seiner ersten Erscheinungsform im Straßenfilm der 20er Jahre sucht Charly Chaplins »Tramp« auf der Straße das Glück und hofft es in der Begegnung mit den unterschiedlichsten Menschen zu finden. Die Straße verkörpert eine Gegenwelt zum geordneten bürgerlichen Alltag, einen Ort der Gefahr, an dem man nur durch gegenseitige Hilfe und Menschlichkeit überlebt. Das Thema Begegnung zieht sich durch die gesamte Geschichte des Roadmovies. In »The Straight Story« von 1999 erfährt der 73-jährige Alvin Straight vom Schlaganfall seines Bruders, mit dem er seit über zehn Jahren kein Wort mehr gesprochen hat, und macht sich – aus Mangel an Alternativen – mit seinem Aufsitzrasenmäher nebst Anhänger auf den Weg zu seinem 350 Meilen entfernt lebenden Bruder, um sich mit ihm zu versöhnen, bevor einer von ihnen stirbt. Sechs Wochen fährt er über hügelige Landstraßen von Iowa nach Wisconsin, übernachtet unter freiem Himmel und begegnet allerlei Menschen, wie einer jungen Ausreißerin, die – ungewollt schwanger geworden – von zu Hause abgehauen ist, weil sie ihre Eltern nicht mehr ertragen konnte. Alvin erzählt ihr von sich selbst, davon, dass ihm viel zu spät klar wurde, wie wichtig die Familie ist, und kann sie überreden, nach Hause zurückzukehren. Durch diese und andere Begegnungen, bei denen er Menschen durch seine Lebenserfahrung helfen kann, findet Alvin zu sich selbst und ist am Ende bereit, seinem Bruder zu vergeben.

Die Straße verkörpert eine Gegenwelt zum geordneten bürgerlichen Alltag.

Mit Wim Wenders' »Alice in den Städten« kommt das Roadmovie 1974 aus den USA nach Deutschland. Darin begegnet der Fotograf Philip der achtjährigen Alice und ihrer Mutter, die nach einer gemeinsamen Nacht in Amsterdam verschwindet. Alice und Philip begeben sich auf die Suche nach der Großmutter des Mädchens und auf eine odysseehafte Reise, während der die anfänglich gegenseitige Abneigung von Philip und Alice sich in eine tiefe Zuneigung wandelt. In eindrücklichen Bildern schildert Wenders' nächster Film, »Falsche Bewegung«, die auf Goethes Wilhelm Meister basierende Geschichte eines jungen Mannes, der vom norddeutschen Glücksstadt über Bonn und Frankfurt bis zur Zugspitze reist, um sich von der Mutlosigkeit seiner Heimatstadt zu befreien und das zu tun, wovon er schon lange träumt: Schriftsteller zu werden. Auch hier sind es die Begegnungen mit den Menschen auf seiner Reise, die den Helden zu seiner Selbsterkenntnis führen. Wenders wendet das Unterwegssein auch auf seine Arbeitsweise an. So ist der Film »Im Lauf der Zeit«, der von der Reise zweier ganz unterschiedlicher Männer erzählt, die sich zufällig – natürlich auf der Straße – begegnen, zunächst ohne Drehbuch gedreht worden. Dafür aber mit einer Reiseroute, die der Regisseur zuvor erkundet hatte. In seinen Filmen verleiht Wenders dem Empfinden seiner Generation, ihrer Suche Ausdruck: der Sehnsucht nach Selbstverortung im Unterwegssein. ■

Katharina Amling

Niemanden ausgrenzen

»Multicultural and inclusive is the most boring thing in Canada«, stöhnt Klara, die 17-jährige Tochter meiner Freundin, von der Rückbank des Autos. Klaras Freundin Eleina pflichtet ihr bei: »Egal, was du in einem Aufsatz schreibst, wenn die Worte ›multicultural‹ und ›inclusive‹ vorkommen, gibt es schon Punkte.« Wir sind gerade erst in Toronto angekommen und schon in eine Diskussion verstrickt.

Meine kanadische **Freundin** hat mich mit ihrer Tochter und deren Freundin am Flughafen abgeholt. Es ist fünf Uhr nachmittags und Verkehrsstau wie in jeder **Großstadt** um diese Zeit. Wir beschließen, an einem Imbiss anzuhalten. Der wird von einem Thailänder geführt. Er freut sich, als er hört, dass wir aus Deutschland kommen, und gratuliert zum Gewinn der Fußballweltmeisterschaft. Er habe Verwandte in München und jedes Spiel gesehen. »Wollten Sie nicht auch nach **Deutschland** ziehen?« Er lächelt: »Canada is the best country in the world.« Ich lache. Meine Freundin auch. Dann wird sie ernst: »Dasselbe hat der Richter gesagt, als er uns damals eingebürgert hat. Wir waren eine bunte Gruppe. Asiaten, Inder, Chinesen, aber auch ein paar Deutsche wie wir. Der Richter war schwarz. Er sei aus Haiti, erzählte er. Als er uns zur Einbürgerung gratulierte und sagte, ›Kanada ist das beste Land der Welt‹, da klang das einfach überzeugend. Egal, wo du herkommst, hier bist du willkommen. Dann mussten wir auf die kanadischen Werte schwören: **Toleranz,** Hilfsbereitschaft und die Bereitschaft, hart zu arbeiten, um sich und die Familie zu ernähren.« – Auch das klingt in deutschen Ohren altmodisch.

Nach dem Essen gehen wir noch ein wenig spazieren. In den Nebenstraßen liegen rot geklinkerte Villen mit getrimmten Rasen wie in einer englischen TV-Vorabendserie. Aber nur ein paar Ecken weiter wirken die Häuser ärmlich. Die **Vorgärten** der zweistöckigen Holzhäuser sind verwildert, es liegt Abfall im Gebüsch, statt Blumen wird Gemüse angebaut. In den Trabantenstädten rechts und links der Autobahn ragt zwischen Plattenbauten eine mächtige armenische Kirche hervor. Hier wohnen Neubürger aus der ehemaligen Sowjetunion. Im Großraum **Toronto** mit den umliegenden Städten leben gut sechs Millionen Menschen. Etwa 100.000 Neubürger kommen pro Jahr dazu, in den letzten 20 Jahren also zwei Millionen. »Wie geht das?«, frage ich staunend. »Gibt es Konflikte?« Meine kanadische Freundin lächelt. »Klar gibt es die, Kanada ist nicht das Paradies. Trotzdem ist die Kriminalitätsrate immer noch niedrig. Ungefähr so wie in Deutschland.« – »Und wie macht ihr das?« Man versuche einfach, niemanden auszugrenzen, erklärt Klara. »In der **Schule** dürfen wir uns nicht mehr frohe Weihnachten wünschen, sondern ›Happy Holidays‹, schöne Ferien, nur um andere nicht auszuschließen.« Ihre Freundin Eleina findet das richtig. »In der Kirche, der Synagoge, der Moschee kann jeder seine Religion, sein ›Heritage‹, sein Erbe, leben, dort trifft man sich. Jeder von uns war ja irgendwann einmal **Einwanderer.** Wir sind doch alle stolz auf unsere Herkunft.«

Eleinas Familie stammt aus dem Iran. Ihr Vater ist noch vor ihrer Geburt nach Kanada gekommen, weil er hier bereits eine **Arbeitsstelle** hatte. Die Einwanderung funktioniert nicht wie in Amerika nach einer Greencard-Lotterie, sondern nach einem Punktesystem. Bildung gibt Punkte, auch der Beruf und natürlich, wenn man schon einen Arbeitsplatz hat. **Sprachkenntnisse,** Vermögen, aber auch die Affinität zu Kanada spielen eine Rolle. Erst zum Erlangen der **Staatsbürgerschaft** ist dann auch eine Sprachprüfung nötig. Daneben gibt es die Einwanderung aus humanitären Gründen (Asyl) und natürlich den Familiennachzug. »Letztes Jahr haben wir meine Großeltern zu uns geholt«, erzählt Eleina. »Eigentlich wollten sie lieber zu meinem Onkel nach Köln. Sie waren schon oft dort, mochten die Stadt und die Leute dort. Aber mein Onkel hätte nicht nur für den Unterhalt, sondern auch für die gesamten **Gesundheitskosten** der Großeltern aufkommen müssen. Meine Oma leidet an Diabetes, das hätte er sich finanziell nicht leisten können.« In Kanada aber gibt es die gesetzliche Krankenversicherung medicare, in die jeder, der eine unbefristete Aufenthaltsgenehmigung hat, automatisch aufgenommen wird. Jetzt leben Eleinas Großeltern integriert in der iranischen Community von Toronto. Da gibt es Seniorentreffs, kulturelle und sportliche Veranstaltungen für jedes Alter. »Die Iraner haben sogar eine eigene Zeitung!« Dass gerade die Bildung eine große Rolle bei der Einwanderung spielt, ist auch an der Uni zu spüren. »Die Kinder von **Neu-Kanadiern** stellen sogar die Mehrheit der Studenten«, fügt Eleina stolz hinzu. »Zum Einwandern ist Kanada das beste Land der Welt.« ■ *Ulrike Maria Hund*

Wie lebt sich's **anderswo?**

Schon als Kind wusste ich, dass ich in Israel leben möchte. Im Herbst 1996 war es dann so weit. Das erste Jahr glich einem Rausch. Ich schwebte auf Wolke sieben durch Tel Aviv, erkundete die Stadt zu Fuß und war ihrem Flair erlegen. **Es war eine Zeit des intensiven Erlebens, des Entdeckens und Glücksgefühls.** Ich lernte viele tolle Menschen kennen, fand eine schöne Wohnung und begann, für eine Zeitung zu schreiben. Die Sprache zu beherrschen war ein wichtiger Schritt. Die beiden anderen großen Einschnitte waren die Einbürgerung und die Geburt meiner drei Kinder. Was mich heute noch verrückt macht, ist das Autofahren. Am Zebrastreifen hält kein Mensch. Wer es wagt, trotzdem über die Straße zu gehen, wird angehupt. Meine schlimmste Erfahrung waren die Selbstmordattentate. Ich erinnere mich an einen Abend im Juni 2001. Ich parkte gerade mein Auto, als ein sehr lauter Knall die Stadt erschütterte. Kurz danach die Sirenen und die Meldungen von den toten Jugendlichen. Das war eine grausame Nacht. Etwas Lustiges? Am Anfang musste ich jedes Jahr mein Journalistenvisum erneuern. Damals war mein Hebräisch noch etwas klapprig. Die Beamtin fragte mich, wo ich arbeite. Und ich wollte sagen, dass ich recherchiere – stattdessen rutschte mir ein ähnliches Wort raus, es bedeutete: Ich mache Einläufe.

Naomi Bubis

Katja Reichstein

Interviews: Katharina Amling

Chris Bosse

Ich habe nie beschlossen, auszuwandern. Geplant war ein sechsmonatiger Aufenthalt in Sydney. Aus den sechs Monaten sind inzwischen zwölf Jahre geworden. Im ersten Jahr habe ich noch oft an zu Hause gedacht. Meine Freunde waren ebenfalls alle Ausländer, und es war schon komisch, als die meisten nach einem Jahr wieder nach Hause gingen. Meine Entscheidung, zu bleiben, war vor allem beruflich bedingt, man riss sich förmlich um mich als Architekt. **Also ließ ich mich auf eine verheißungsvolle Zukunft in diesem neuen Land ein.** Was mich von Anfang an begeistert hat, ist das Selbsverständnis Australiens als multikulturelles Einwanderungsland. Es ist normal, dass an jeder Straßenecke mindestens fünf verschiedene Kulturen, Hautfarben, Religionen und Sprachen aufeinandertreffen. Gemischte Pärchen trifft man hier überall. Wenn ich dagegen mit meiner halb chinesischen Freundin in meiner Heimatstadt Stuttgart über die Straße gehe, ziehen wir Blicke auf uns. In Australien nehme ich mir immer noch am liebsten ein Taxi und lasse mir Geschichten von Leuten erzählen, die aus aller Welt hierherkamen, von ihren Träumen und was daraus geworden ist. Die meisten sagen heute zwar, vor 25 Jahren sei alles einfacher gewesen, »but it's a bloody good life, we are a lucky country. No worries mate!«

Eigentlich wollte ich nur eine Auszeit nehmen, mit dem Fahrrad durch Südamerika. Nach 7.500 Kilometern kam ich nach Peru, wo ich mir meinen Wunsch, einmal in einer südamerikanischen Klinik zu arbeiten, erfüllte. Ich arbeitete als Volontärin in Andendörfern, wo die Ärmsten der Armen wohnen. Dort musste ich feststellen, dass ein körperbehindertes Kind aus diesem sozialen Umfeld keine Chance auf ein »normales« Leben hat. **Es waren die Kinder, die mich schnell ganz fest mit Peru verbunden haben.** Ich wusste, dass ich ihnen helfen kann, ein menschenwürdigeres Leben zu führen. Jeder kleinste Fortschritt dieser Kinder lässt sämtliche Mühen vergessen und ist ein Beweis dafür, dass ich hier hingehöre. Später kam mein Lebenspartner Juan dazu, und durch ihn wurde diese Verbundenheit noch verstärkt. Mit ihm zusammen gründete ich das Rehabilitations-Kinderheim Wiñay Wasi. Es fiel mir schwer, mich an die Mentalität der Peruaner zu gewöhnen, ich hatte Schwierigkeiten mit meinem Projekt und bin auch mit der Korruption hautnah in Berührung gekommen. Aber mit der Zeit akzeptiert man, dass einen niemand gerufen hat, dass man aus freiem Willen da ist.

Navid Kermani: **Wir sind viele**

Navid Kermani ist Schriftsteller und habilitierter Orientalist. Er schreibt Romane, Reportagen und wissenschaftliche Werke. In seinen Reportagen aus den Krisengebieten dieser Welt begegnet er den Menschen mit sensiblem und respektvollem Blick und schafft eine Nähe, die es auch dem Leser erlaubt, sich in die Menschen und ihre Situation hineinzuspüren.

Du bist ein in Deutschland geborener Iraner. Was bedeutet diese »doppelte Identität« für dich?

Ich glaube, jeder Mensch hat mehrfache Identitäten. Das muss nicht unbedingt eine nationale Kategorie haben. Eine Identität besteht aus vielen verschiedenen Zusammenhängen. Wenn zum Beispiel ein Urdeutscher, der irgendwo in einem Dorf aufgewachsen ist, anfängt, sich mit spanischer Poesie zu beschäftigen, und das zu seinem Lebensthema wird, dann ist das genauso Teil seines Lebens. Es geht in sein Wesen über. Oder er lernt ganz zufällig jemanden kennen, der aus einer ganz anderen Welt kommt. Jeder von uns setzt sich aus ganz vielen zusammen, wir sind ja auch die Menschen, denen wir begegnen.

Was bedeutet es für dich, auf Reisen zu sein?

Ich unterscheide zwischen zwei Arten des Reisens. Entweder ich reise zum Schreiben, dann reise ich immer allein. Das sind sehr intensive Reisen, weil ich meist in Kriegsgebiete fahre. Das ist schon jedes Mal eine Grenzerfahrung, weil ich mich mit wirklichen Notsituationen auseinandersetze – und einer Welt, die so ganz anders

Navid Kermani schätzt die SympathieMagazine, weil sie in kurzer und gut lesbarer Form Informationen bieten, die über den Reiseführer hinausgehen. Das sei für jeden Reisenden wichtig. Dadurch werde es möglich, den Menschen im Land zu begegnen – und das freue die Menschen auf beiden Seiten. Es müsse ja gar nicht immer die große, lang vorbereitete Reise allein in der Fremde sein. Auch ein Pauschalurlauber habe alle Möglichkeiten, zumindest tageweise aus der Rundumversorgung auszubrechen und sich auf die reale Umgebung einzulassen. Die SymphathieMagazine seien hierfür Ermutigung und Hilfe zugleich.

ist als unsere eigene, in der ich glücklicherweise lebe. Oder ich reise mit der Familie, dann ist das meistens an einen Ort, um einfach dort zu sein und das auch zu genießen, aber da bin ich dann auffällig wenig neugierig.

Wie gefährlich ist es, wenn du in Krisengebiete reist?

Ich kann nicht sagen, dass ich das gern mache, das ist so eine innere Verpflichtung, über die Dinge zu berichten, damit sie vielleicht anderen verständlich werden. Das Gefährliche an diesen extremen Reisen ist nicht die unmittelbare Gefahr. Ich bin nicht der typische Kriegsreporter, der dem Panzer hinterherläuft. Es geht mir eher um die Normalität in diesen Ausnahmezuständen – aber das Gefährliche an dieser Art von Reisen sind die extrem starken Eindrücke, die ein anderes Reisen eigentlich kaum noch möglich machen. Einfach irgendwo hinzufahren, es wahrzunehmen und als beschreibbar zu erleben, das fällt mir mittlerweile schwer, weil es nicht diese Art von Dringlichkeit hat, wie wenn ich jetzt zum Beispiel in den Irak reise. Ich merke, das ist ein Drang, das zu machen, denn es ordnet die Wertigkeit der Dinge sehr klar ein. Also, egal, was ich schreibe, ich habe ja diese Erfahrung im Kopf; selbst wenn ich eine Liebesgeschichte schreibe, die rein privat ist, muss diese Geschichte irgendwie dagegen bestehen, es muss irgendeine Art von Existenzberechtigung wenigstens für mich haben. Das, was wichtig ist im Leben, wird dadurch schon sehr stark gesetzt. Ich weiß zwar nicht, ob alle meine Texte dagegen bestehen, aber dieser Anspruch ist automatisch immer da.

Wie bereitest du dich auf die Reisen vor?

Das ist viel Lektüre und vor allem ein Netz von Kontakten vor Ort, wobei das nicht unbedingt politische Persönlichkeiten sind. Es geht mir ja eher darum, eine Wahrnehmung zu bekommen, eine Stimmung zu spüren. Und um das zu bekommen, baue ich dieses Netz von Kontakten auf, und wenn ich da bin, finde ich die zwei oder drei Kontakte heraus, die mich wirklich ins Land führen. Welche Situation, welcher Mensch das ist, der zu dem Schlüssel wird, der einem das Land öffnet, das ergibt sich erst vor Ort. Ich muss nur vorher Möglichkeiten schaffen, damit etwas passiert. Und das, was dann passiert, ist eben meistens nicht das Erwartete, sondern etwas, was man vorher nicht auf der Rechnung hatte. ■ *Interview: Katharina Amling*

»Mein Herz kann jede Form annehmen,
Für Gazellen eine Weide, für Mönche ein Kloster,
Ein Tempel für die Götzen, die Kaaba für Pilger
Die Tafeln der Tora, die Blätter des Korans.
Ich folge der Religion der Liebe
Wohin auch ihr Reittier sich wendet,
Dort kehre ich mich hin.«

Ibn Arabi, (1165-1240), aus Navid Kermani: »Ausnahmezustand«.

Wie lebt sich's **hier?**

Mami Koba aus Japan

Ich kam nach Deutschland, um Grafikdesign zu studieren. Und bin geblieben. Schwierig fand ich zu Beginn, mit der Selbstständigkeit im Studium umzugehen. Im japanischen Bildungssystem wird »von oben« angeordnet. Hier musste ich alles selbst organisieren. Was mache ich, welche Aufgabe nehme ich an, welche Idee bringe ich ein? Das war schon schwer für mich. Die Lebensregeln in Japan sind sehr strikt und die Städte sehr eng. Daran haben sich die meisten von Kindesbeinen an gewöhnt. Wenn Japaner Frust haben, können sie das nicht ausdrücken. »Ein hochstehender Nagel wird eingeschlagen«, das ist ein japanisches Sprichwort. Bist du ein bisschen anders als alle? Das sieht die Gesellschaft nicht so gern, das Leben ist in Gruppen organisiert: in der Familie, der Schule, in der Nachbarschaft. Ich bin stolz darauf, Japanerin zu sein; mit der buddhistischen Philosophie bin ich sehr vertraut. Ich bin in Akasusa aufgewachsen, einem Tokioer Stadtteil mit wundervollen alten buddhistischen Holztempeln. Für mich der wichtigste Unterschied zwischen Deutschen und Japanern: Deutsche analysieren häufig, gern und viel.

Jorge Sepúlveda aus Nicaragua

Als ich 1993 nach Deutschland kam, standen die Ereignisse von Hoyerswerda und Mölln immer noch im Fokus der Nachrichten. Ich spürte eine gewisse Kälte in der Gesellschaft, aber viele Menschen wehrten sich gegen diese fremdenfeindlichen Ausschreitungen. Ich wurde im selben Jahr in den Ausländerbeirat gewählt und habe Treffen mit den Grünen und Gewerkschaften organisiert. Die, die mit mir zusammenarbeiteten, gaben mir das Gefühl, hier willkommen zu sein. Aber ich bin auch schon von Neonazis beschimpft worden. Nicaraguaner sind sehr locker und verständnisvoll, sie lassen sich nicht schnell aus der Ruhe bringen. Sie haben mehr Zeit für andere Menschen. Deutsche legen viel Wert auf eine gute Organisation – sie sind vielleicht nicht so spontan, aber wenn sie Freundschaften schließen, kann man auf sie zählen. Ich vermisse mein kleines Land, das sich erhoben und für mehr Gerechtigkeit gekämpft hat. In der deutschen Gesellschaft zurechtzukommen ist nicht einfach, aber ich denke, Integrationswillen bringt man im Koffer mit oder eben nicht.

Mostafa Naseri aus Iran

Ich stamme aus Mashdad im Nordosten des Iran. Seit 1991 lebe ich in Deutschland, zunächst in Hamburg, jetzt in Frankfurt. Ich habe den Iran aus politischen Gründen verlassen müssen. Eigentlich bin ich Landwirtschaftsingenieur. In Deutschland hatte ich zunächst einen Versandhandel für persische Bücher, jetzt arbeite ich in einem Unternehmen. Es lebt sich vergleichsweise leicht hier. Mit Deutschland verbinde ich als Erstes die Ordnung. Der Mittelstand hier ist groß und stabil, und das spielt auch eine Rolle bei der Verbindung zwischen den Menschen. Der Grad des Individualismus ist sehr hoch, und für mich war das unbekannt. Im Iran herrscht mehr Familiensinn. Aber ich kann mich anpassen. Frankfurt ist eine multikulturelle Stadt, das finde ich toll. Mit der deutschen Küche habe ich keine Probleme, ich kann ja überall persische Lebensmittel kaufen. Ich koche gern, das tat mein Vater auch, für mich diente er als Vorbild. Wir gehen übrigens oft wandern – auch im Iran macht man das gern.

Interviews: Susanne Asal

Senaid Ghebremichael aus Eritrea

Ich bin mit sieben Jahren nach Deutschland gekommen. Damals herrschte Krieg in Eritrea, mein Vater war verschollen, meine Mutter an Krebs gestorben. Meine Schwester ist mit 17 Jahren aus Eritrea geflüchtet. Erst kam sie nach Kuwait, dann landete sie in Kaiserslautern. Sie hat alle meine Geschwister hierhergeholt. Ich fühlte mich anfangs total überfordert von der Situation. Ich war ja ein Bauernmädchen. Aber es ging recht schnell, nach einem Jahr hatte ich mich eingelebt, und nach vier Jahren hatten wir schon einen Pass. Mein erster nachhaltiger Eindruck von Deutschland war: ein schönes Leben in Offenheit. In Eritrea wird man erzogen zu schweigen, nicht über Probleme zu reden und erst recht nicht über die politischen Verhältnisse. Nach zehn Jahren haben wir unsere Familie in Eritrea besucht. Da habe ich mich gefragt: »Gut, wo ist denn nun mein Zuhause?« Es war schön, meine Familie wiederzusehen, aber dort zu leben, erscheint mir derzeit unerträglich.

Miteinander reden

Islamisch geprägte Länder wie etwa die Türkei, Ägypten oder die Maghreb-Staaten üben auf Touristen eine große Anziehungskraft aus. Im Gegensatz dazu ist unser Bild vom Islam und von Muslimen oftmals von eingefahrenen Klischees bestimmt. Sich auf Reisen mit der Religion und ihren Erscheinungsformen zu beschäftigen, ist daher Aufgabe und Chance zugleich. Wer hautnah miterlebt, wie der Islam die Kultur und den Alltag der Einheimischen prägt, erlangt einen authentischen Eindruck und schärft seine Urteilskraft – jenseits einer Berichterstattung, die häufig auf Konflikte fokussiert ist.

Gelegenheit zur Begegnung gibt es viele. Die islamische Hochschulgemeinde der Universität Hamburg lädt an jedem Ramadan zum gemeinsamen Fastenbrechen auf dem Campus ein. Die muslimischen Studenten freuen sich über Besucher.

Ausgewogene Analysen und Darstellungen der vielfältigen innermuslimischen Realität hier in Deutschland, des reichen Beitrags der islamischen Welt zur europäischen Zivilisation in der Vergangenheit, der Gegenwart in muslimischen Ländern sowie gelungener Projekte der Zusammenarbeit haben ihren Platz meist nur auf den Kulturseiten oder zu späten Sendezeiten im Fernsehen. Häufig wird Angst vor dem Islam geschürt und ein neues Feindbild geschaffen. Muslimische Mitbürger sehen sich einem Generalverdacht ausgesetzt. Gelegentlich kommt es auch zu Fällen von verbalen oder tätlichen Angriffen auf Muslime und islamische Einrichtungen. Die Situation ist angespannt.

Andererseits gibt es in Deutschland schon seit den 60er Jahren eine zunehmende Anzahl erfolgreicher Dialoginitiativen auf verschiedenen Ebenen. Dabei geht es nicht nur um gegenseitiges Kennenlernen und um nachbarschaftliche Besuche in Kirche und Moschee. Persönliche Begegnungen sind eine Chance, Vorurteile zu überdenken und Andersartigkeit schätzen zu lernen.

Christliche, muslimische und andere Wissenschaftler oder auch sozial Engagierte kommen auf Tagungen zusammen, die Raum für nachhaltige Begegnungen und den Aufbau gegenseitigen Vertrauens schaffen und sich mit aktuellen Fragen unserer Gesellschaft auseinandersetzen. Auch auf politischer Ebene geht man aufeinander zu: Durch die Staatsverträge, die in jüngster Zeit zwischen dem deutschen Staat und muslimischen Verbänden geschlossen wurden, werden die in Deutschland ansässigen Muslime, die in der dritten oder vierten Generation politisch Gehör finden und deutsche Staatsbürger geworden sind, als Teil der Gesellschaft anerkannt.

Der muslimische Philosoph Falaturi (1926-1996) schrieb: »Dialog ist erfolgreich, wenn man offen ist für unterschiedliche Perspektiven auf dieselbe Wahrheit.« In diesem Sinne habe ich auf Reisen und bei Begegnungen immer wieder Überraschendes erlebt und neue Sichtweisen auf die Religion, die Politik und das Leben kennengelernt. Klischees wurden völlig auf den Kopf gestellt, wenn sich etwa herausstellte, dass es sich bei einer Gruppe schwarz verhüllter Frauen im Iran um lebhaft interessierte Studentinnen handelte, oder wenn mir ein ernst dreinblickender Gelehrter der Al-Azhar-Universität in Kairo hilfsbereit Literaturhinweise gab, und wenn bei einer Zugfahrt im Sudan Mitreisende spontan ihr Essen mit mir teilten. Im direkten Gespräch haben sich wertvolle Einblicke in die Vielfalt und Einmaligkeit der Menschen ergeben. Ich würde mir wünschen, dass moderne Reise- und Kommunikationsmöglichkeiten mehr zur direkten Begegnung und Verständigung genutzt würden.

Auf diese Weise können Verständnis und Sympathie füreinander wachsen. Die Herausforderungen, die die Verschiedenheit mit sich bringt, werden in gegenseitige intellektuelle und spirituelle Anregung umgewandelt, die das Leben aller bereichert. Angesichts der zunehmend pluralen Gesellschaft in Deutschland und der globalen Entwicklung des Reisens und Gedankenaustauschs ist ein Ethos des »Miteinander-statt-übereinander-Redens« wichtig. Nur so können Klischees aufgebrochen und Vorurteile abgebaut werden. Zusammenarbeit und gegenseitige Wertschätzung sind unerlässlich, zumal immer deutlicher wird, dass die Menschheit ihre Verantwortung für Gerechtigkeit und Frieden in der Gesellschaft und für die Erhaltung der natürlichen Umwelt nur gemeinsam erfüllen kann. ■

Halima Krausen

Tag der Moschee

Seit 1997 wird in vielen deutschen Städten am 3. Oktober der »Tag der offenen Moschee« veranstaltet, der Gelegenheit bietet, sich vom Gemeindeleben der islamischen Bevölkerung ein Bild zu machen.

Und das ist wichtig, seit im September 2014 Wissenschaftler Alarm geschlagen haben: Die Vorurteile gegen Muslime, genauso wie gegen Roma und Flüchtlinge, haben in Deutschland im vergangenen Jahr rapide zugenommen.

»Ressentiments sind dort am stärksten, wo es wenig persönliche Kontakte gibt«, sagt Jürgen Miksch von der Stiftung Internationale Wochen gegen Rassismus, die jetzt ein Programm für Begegnung konzipiert hat. Nicht nur Moscheen, sondern auch Roma- und Flüchtlingsgruppen öffnen während dieser Wochen ihre Türen und präsentieren sich in Diskussionen und Kulturveranstaltungen.

Mehr zum Thema im SympathieMagazin »Islam verstehen«. www.sympathiemagazine.de

»Begegnung mit Eingeborenen«

Eine Reise kann noch so spektakulär und exotisch sein, der Kontakt mit den Einheimischen gibt ihr erst die eigentliche Würze – vorausgesetzt, er ist freundschaftlich. Ein Überfall wird keinesfalls unter positiver Urlaubserinnerung verbucht, kleinere Unbillen aber schon. Wir zeigen stolz den Zeh, der uns beim Eisfischen mit einem Eskimo fast erfroren wäre, berichten mit Schaudern von Insekten, die wir bei einem Initiationsritus in einem afrikanischen Buschdorf verspeisen mussten, und zeigen ein Photo mit dem Journalisten, der mit uns über die Menschenrechtsfrage in seinem Heimatland geplaudert hat.

Ein Reisebuch voll Komik, Poesie und einem subversiven Blick auf den Alltag unterwegs: Die Glossen, die Ulrike Maria Hund für die FAZ schreibt, schlagen Funken aus dem Zusammenprall von Erwartung und Wirklichkeit, dem Clash der Kulturen und der schönen Überraschung bei der Begegnung mit dem ganz Fremden.

Die Begegnungen sind deshalb so entspannt, weil wir wissen, dass wir im Ernstfall nicht von den gefangenen Fischen leben müssen, den Ritus nicht selbst erleiden, und im Zweifelsfall der Journalist eingesperrt wird, weil er zu viel geredet hat, und nicht wir. Natürlich gibt es neben diesen, von Veranstaltern organisierten Begegnungen, auch immer noch die spontane Gastfreundschaft. Man kommt zum Beispiel an einer Jurte vorbei und wird von der betagten Großmama auf ein Glas vergorene Stutenmilch eingeladen. Aber auch dabei wissen wir, dass die großherzige Gastgeberin im seltensten Falle den Gegenbesuch antreten wird. Dann nämlich wären wir selbst die Eingeborenen, würden bestaunt, belächelt und photographiert.

Ich spreche aus Erfahrung, denn ich stamme aus einem Wein- und Fischerdorf, das heute in vielen Katalogen beworben wird. In meiner

Kindheit waren wir eine Art Geheimtipp. Im Sommer kamen Touristen, die bei uns Urlaub auf dem Bauernhof machten und nebst der Begegnung mit den Tieren auch den Familienanschluss suchten. Sie nahmen unsere Sitzplätze auf dem Sofa ein, schliefen in unseren Betten, ließen sich von meinen Eltern zu selbstgebranntem Schnaps einladen und brachten uns Hochdeutsch bei. Wir ließen uns über den Kopf streicheln, im Kommunionkleid photographieren, und natürlich bekamen wir am Ende des Urlaubs auch ein Trinkgeld dafür.

Damit ist es heute leider vorbei, denn jetzt pilgern ganze Busladungen von Touristen unter unserem Fenster vorbei. Deutsche, Amerikaner, Japaner und Chinesen. Verstohlen, neugierig oder ganz und gar unverhohlen mustern sie mich, wenn ich einen Fensterflügel öffne, um ein wenig frische Luft ins Zimmer zu lassen, oder wenn ich mich, hinter einem Oleanderbusch nur notdürftig verborgen, auf den Balkon setze und ein Buch aufschlage.

Wir Eingeborenen haben verschiedene Strategien entwickelt, mit diesem Phänomen umzugehen. Die meisten meiner Nachbarn vermieten ihre Wohnungen an Saisonarbeiter, die nun die historischen Fensterläden öffnen und als Darsteller für diverse Schnappschüsse dienen. Die Einwohner in den beliebten Touristenorten der Toscana halten ihre Fensterläden einfach das ganze Jahr über geschlossen, angeblich wegen der Hitze. Die Holländer machen das Gegenteil. Sie haben die Vorhänge abgeschafft, man schaut in blitzblanke Küchen hinein, sieht dem Hausherrn beim Gemüseschnippeln zu und fragt sich, ob das, was wir sehen, nun eine Kochshow in einem Mustermöbelhaus oder das wirkliche Leben ist.

Einen ernsthaften Schaden habe ich aus meiner Eingeborenenrolle nicht genommen, so glaube ich wenigstens. Nur meine Urlaubsphotos sind seltsam menschenleer. Und eine gewisse Skepsis ist mir geblieben, wenn meine Freunde mir von ihren Begegnungen in fremden Ländern erzählen. Dann sehe ich wieder das Kommunionkleid vor mir. Und vielleicht, Sie brauchen es nur aufzuschlagen, lächle ich auch in Ihrem Album auf einer Urlaubserinnerung.

Ulrike Maria Hund arbeitet als Studienreiseleiterin in Süd- und Osteuropa und schreibt Artikel, Geschichten und Drehbücher. Ihre Glossen erscheinen im Reiseblatt der FAZ.

Abdruck mit freundlicher Genehmigung des Horlemann Verlag und des Unionsverlag.

It depends

Das ursprüngliche Reisemotiv jener wenigen, die es sich schon früh leisten konnten, unterwegs zu sein – wie Adel und Bildungsbürgertum –, war das Kennenlernen von anderen Ländern, Menschen und Kulturen. Heute, wo viele unterwegs sind, weil Urlaubsreisen zur Selbstverständlichkeit geworden sind, steht eher die Erholung im Vordergrund. Immerhin sind etwa einem Drittel der Deutschen das Erleben anderer Länder und Kontakte mit Einheimischen besonders wichtig.

Wer im Urlaub anderen Menschen begegnet ist, empfindet diese Erfahrung oftmals als den nachhaltigsten Eindruck – er wirkt zu Hause noch lange nach. Das kann man häufig auch von reisenden Freunden oder Nachbarn hören. Bestimmte Urlaubsformen scheinen dabei persönliche Begegnungen mit Land und Leuten (auch außerhalb touristischer Zentren) zu begünstigen. Dazu zählen etwa Studienreisen, Rundreisen durchs Land oder Abenteuerreisen. Doch auch hier gibt es Einschränkungen: Zu große Reisegruppen, zu wenig Freiraum im Reiseprogramm, zu wenig Zeit und Möglichkeiten, sich selbstständig zu bewegen und eigenständige Erfahrungen zu machen, können im Einzelfall die Begegnung mit Land und Leuten verhindern. Dann wird erst recht alles von der Reiseleitung abhängen, um den Reisenden die fremde Kultur trotzdem näherzubringen.

Im Bereich des Badetourismus scheint ein All-inclusive-Resort, das darauf abzielt, den Urlaub innerhalb der Anlage schmackhaft zu machen, auf den ersten Blick kaum Möglichkeiten für Begegnungen zu bieten. Vielleicht aber – auf den zweiten Blick – dann doch, wenn anspruchsvolle Ausflüge angeboten werden, begleitet von einer kompetenten Reiseleitung. Aber auch das

Zimmermädchen, der Tauchlehrer oder der Barkeeper in der Anlage freuen sich, wenn ein Urlauber mehr als nur »Good morning« oder »How are you today« über die Lippen bringt und Interesse an seinen oder ihren persönlichen Lebensumständen zeigt. Der wesentliche Grund, warum das Kennenlernen von Menschen oder die Begegnung mit Einheimischen oft nicht stattfindet oder vielleicht unbefriedigend verläuft, liegt wohl in uns selbst. Manchen fällt es nicht leicht, auf Menschen zuzugehen oder Personen anzusprechen, die eine andere Hautfarbe haben oder fremde Verhaltensweisen an den Tag legen. Andere wollen ihre Ruhe haben und vermeiden, dass sich aus Kontakten lästige Verpflichtungen ergeben.

Wenn wir Menschen aus fremden Kulturen wirklich begegnen wollen, ist das immer auch eine Beschäftigung mit uns selbst, mit unserer eigenen Kultur und unserer eigenen Persönlichkeit. Soll eine Begegnung mehr sein als nur der Austausch von Nettigkeiten und Nichtigkeiten, muss man auch etwas von sich preisgeben, sich öffnen und Neugierde auch in Bezug auf sich selbst zulassen. Mit der Entschlüsselung des Fremden geht nicht selten eine Entschlüsselung des eigenen Ichs einher. Das hat mancher Weitgereiste erfahren. Das Fremde ist wie ein Spiegel, in dem man sich auch selbst neu entdecken kann.

Das Fremde ist wie ein Spiegel, in dem man sich selbst neu entdecken kann.

Unabhängig von der jeweiligen Urlaubsform tun sich diejenigen am leichtesten, die sich schon im Vorfeld ihrer Reise mit den Besonderheiten und Gepflogenheiten des jeweiligen Landes gut vertraut gemacht haben, Mut zu sozialen Kontakten haben, im Urlaub mit Neugier und Offenheit auf Menschen zugehen und sich in einer gemeinsamen Sprache verständigen können, vielleicht sogar in der Landessprache – zumindest ein bisschen.

Wer noch das Glück hat, von Menschen betreut oder begleitet zu werden, die in der Lage und motiviert sind, Land und Leute sympathisch aufzuschließen, der darf sich besonders freuen. Dabei gilt es, den Blick auf Wesentliches zu lenken, das scheinbar Fremde, Unverständliche und Widersprüchliche transparent und begreifbar zu machen, Klischees und Vorurteile abzubauen und die Tugend des Fragens zu unterstützen anstelle der Untugend der schnellen Antworten. ■

Dietlind von Laßberg, Armin Vielhaber

Weltenbummler zu Hause

Noch heute schlafe ich jedes Mal schlecht, wenn ich eine Reise plane. Wühle mich durch Berge von Literatur und Informationsmaterial. Vergesse fast, den Koffer zu packen. Und frage mich, wieso ich eigentlich immer wieder in Gegenden reisen will, in denen ich weder Sprache noch Kultur kenne, über die Geschichte wenig weiß und es zwischen den dortigen Menschen und mir garantiert zu Missverständnissen kommen wird. Zu Hause dagegen geht doch alles seinen vertrauten Gang, fühle ich mich sicher und geborgen, herrscht Ruhe und Frieden. Warum also verreisen? Wenn, ja wenn da die Neugier nicht wäre auf die Welt, die ich angeblich kenne. Aber weil ich so viel von ihr kenne oder zu kennen glaube, bin ich süchtig nach der Erfahrung, dass die Welt immer wieder ganz anders ist, als ich mir das vorstelle, dass ich immer wieder überrascht werde. Denn im Gegensatz zu den Horrormeldungen im Fernsehen, den Bildern über Tod und Verderben macht mich ihre Schönheit, machen mich die Menschen in ihrer Vielfältigkeit und mit ihren Gemeinsamkeiten immer wieder sprachlos.

> »Froh schlägt das Herz im Reisekittel, vorausgesetzt, man hat die Mittel.«
>
> *Wilhelm Busch*

Dann denke ich an die Frauen von Afra. Auf einer Reise in die marokkanischen Berge hatte ich sie getroffen. Umringt von der weiblichen Bevölkerung des Ortes und ihren Kindern, saßen die Frauen unserer Reisegruppe auf einer Steinmauer und ließen sich mit Henna Verzierungen auf Hände und Arme malen. Wir erzählten von unseren Familien und Kindern, hatten keine gemeinsame Sprache und wussten

Wenn du tausend Schatzkästlein finden willst, in denen das Schicksal die Wundermittel gegen seine tausend Fehler verbirgt, musst du in die Welt hinausziehen.

Fatou Diome

doch, was wir meinten. Die Frauen zeigten uns, wie Brot gebacken wird, nahmen uns mit in den Teil des Hauses, der nur von Frauen bewohnt wird. Ein Mädchen flocht mir Zöpfe und band Basilikum hinein mit Fäden, die es aus seinem Rock gezupft hatte. An diesem Abend habe ich mehr über Musliminnen und ihr Leben erfahren als aus jedem Buch. Und interessierte mich plötzlich auch, zu meiner eigenen Verwunderung, nachdem ich wieder zu Hause war, für die schüchterne Frau mit Kopftuch im Türkenladen um die Ecke.

Damals habe ich auch verstanden, dass solche Erlebnisse überall möglich sind, ganz gleich, wie ich unterwegs bin, ob als Rucksackreisende oder als Pauschaltouristin. Die Fahrt im Frauenabteil eines Zuges ins indische Madurei brachte nicht nur drangvolle Enge mit sich, sondern auch Gespräche über Schönheitsideale und Berufswünsche von Frauen. Allerdings half dabei, dass die meisten jungen Frauen im Abteil englisch sprachen. Und auf einer Gruppenstudienreise durch Jordanien hatte ich das Glück, mit einem derart gebildeten und faszinierenden Reiseführer unterwegs zu sein, dass die Reisegruppe jeden Abend aus freien Stücken noch eine Fragestunde zu allen möglichen Themen anhängte.

Natürlich braucht es für derartige Begegnungen Zeit und Geduld und die Erkenntnis, dass man von Reisen oft mit mehr Fragen als Antworten zurückkommt. Auch das ist eine Chance, sich zu Hause gezielter mit der Welt zu beschäftigen und genauer hinzusehen. Ich habe mir angewöhnt, erst einmal nicht zu werten und auch zu akzeptieren, dass vieles nicht mit meinen Maßstäben gemessen werden kann. Das Gemeinsame zu suchen und nicht das Trennende, hilft bei solchen Gesprächsversuchen ungemein. Es hilft auch zu Hause, sich selbst bei Vorurteilen auf die Schliche zu kommen und mit mehr Toleranz das Fremde und die Fremden in der eigenen Stadt zu akzeptieren. So hätten wir uns mit dem Fahrer, der uns in Sri Lanka zu den Tempeln von Anuradhapura chauffierte, über die politische Lage im Land streiten können. Aber wir merkten, dass das dem Mann unangenehm war und er uns lieber etwas über die Vogelwelt der Insel erzählt und gezeigt hätte. Also stapften wir mit ihm auf Dschungelpfaden zu versteckten Seen, beobachteten durch sein Fernglas die bunten »Kingfisher«, aßen in Imbissstuben am Weg, in die wir uns allein nie getraut hätten – und konnten zum Schluss doch noch unsere Fragen anbringen und tatsächlich Freunde werden. ■

Ulla Schickling

Die Redakteurinnen

Katharina Amling

Susanne Asal

Katharina Amling: Mein erstes Mal war mit einem Jahr. Ich reiste mit meinen Eltern zu Freunden nach Spanien, wo wir fortan jeden Sommer verbrachten. Im Spiel mit den spanischen Kindern lernte ich von ihrer Sprache und Kultur mehr als während meines Romanistikstudiums. Spanien wurde zu meiner zweiten Heimat. Später verliebte ich mich in einen Iraner, mit dem ich zwei Kinder habe. Seine Familie ließ mich an ihrer Kultur teilhaben, die für mich zu einer weiteren Heimat wurde. Eines habe ich gelernt: Ob beruflich als Autorin und Journalistin oder privat, Begegnungen mit Fremden sind bereichernd.

Susanne Asal: Das Kostbarste, was der Bücherschrank meiner Eltern enthielt, war eine Jugendstilausgabe. »Die Sitten der Völker« hieß sie. In ihr war alles über das Leben der unterschiedlichsten Kulturen zu lesen. Die Fotografien waren das Faszinierendste daran: Sie zeigten Frisuren, Schmucknarben, Kleidung und Wohnstätten – alles fremd und wunderbar für meine Augen. Vermutlich hat mein Wunsch, Menschen in fernen Ländern kennenzulernen und über sie zu erzählen, auch mit diesem Buch zu tun. Mit »Winnetou« von Karl May natürlich ebenso. Übers Studium der Ethnologie kam ich zum Journalismus, zum Reisen, zum Begegnen, zum Zuhören und davon Erzählen. ■

Impressum

Die SympathieMagazine werden herausgegeben vom

STUDIENKREIS FÜR TOURISMUS UND ENTWICKLUNG e.V.

Verantwortlich: Stephanie Arns, Dietlind von Laßberg.

»Land & Leute verstehen« wurde unterstützt von:

BMZ Bundesministerium für wirtschaftliche Zusammenarbeit und Entwicklung

Brot für die Welt – Evangelischer Entwicklungsdienst

TOURISM WATCH

Redaktion: Katharina Amling, Susanne Asal.
Redaktionelle Planungsgruppe: Stephanie Arns, Petra Darchinger, Peter-Mario Kubsch, Dietlind von Laßberg, Antje Monshausen, Armin Vielhaber.

Technische Koordinierung, Satz und Layout: Petra Darchinger.
Grafisches Gesamtkonzept: Ron Imelauer.
Satz und Litho: Franzis' print & media GmbH.
Schlusskorrektur: Bernhard Schnüriger.
Fotos: ONE WORLD Reisen mit Sinnen (S.11), Adveniat (S.44), Katharina Amling (S.58,74), Susanne Asal (S.32,65,74), Chris Bosse (S.59), Lena Böhm (S.74), Petra Darchinger (S.18), Digitalstock (S.79), Jeanette Eberhardt (S.62/63), Konrad Fersterer (S.34), Forschungsgemeinschaft Urlaub und Reisen (S.14), Fotolia (S.28,38), Pablo Hernandez (S.25), Rainer Hörig (S.30), Navid Kermani/Villa Massimo (S.60), Petra Kiel (S.42), A. List (S.66), Look (Titel,S.10,11,17), Mauritius (S.6/7,11), Anni Mayer (S.12), NASA (S.26), Petra Pickschun (S.69), Katja Reichstein (S.58), ONE WORLD (S.8,11), Andrea Rudolf (S.8,9,70,72), Birgit Steck (S.46), Stock-exchange Kovik (S.54), Stephan Weidt (S.68), wikimedia (S.20,22,56), www.bagejsa.de (S.50), www.sxc.hu (S.53).
Druck: Gotteswinter und Aumaier GmbH, München.

Urlaubsreisearten 2013
(Mehrfachnennungen)

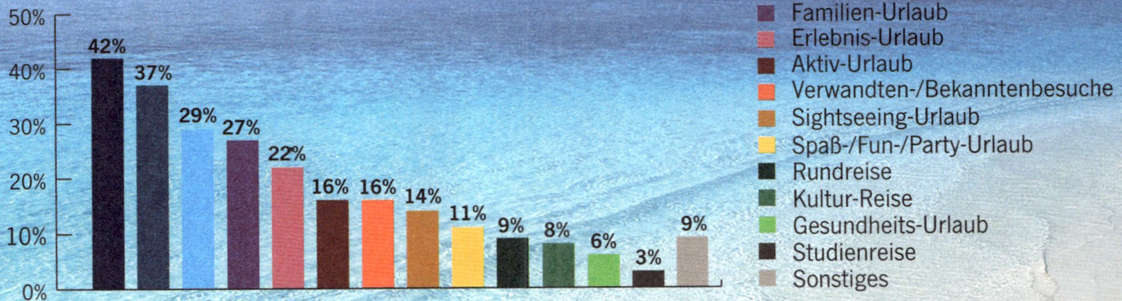

Reiseabsicht für 2014

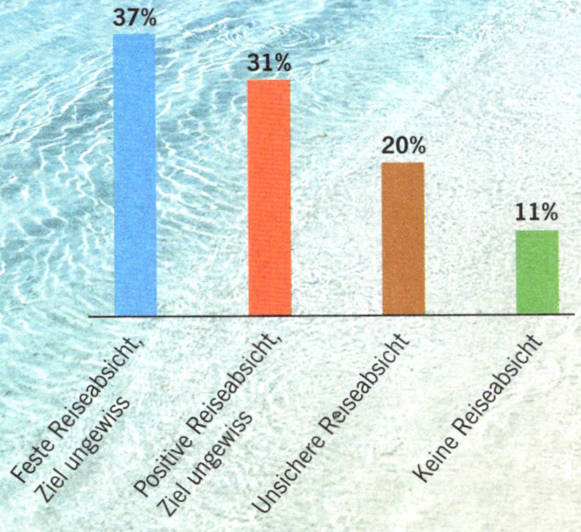

Urlaubsreiseziele der Deutschen 2013

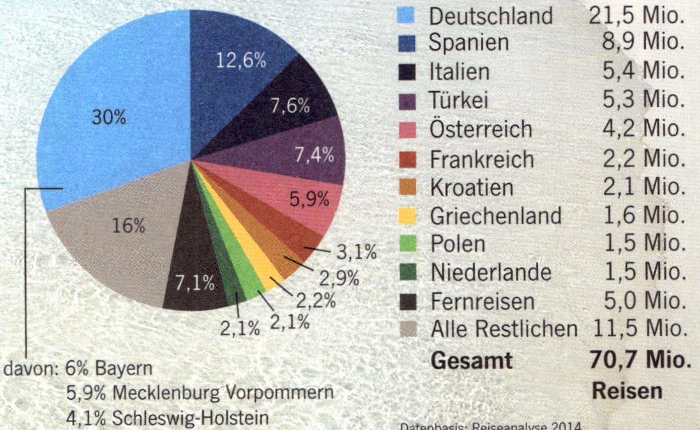

Datenbasis: Reiseanalyse 2014, Forschungsgemeinschaft Urlaub und Reisen, F.U.R

Wer...Wie...Wo

Daten und Zahlen
Fischer Weltalmanach – Zahlen und Statistiken aller Länder, www.weltalmanach.de

Reiseanalyse – Forschungsgemeinschaft Urlaub und Reisen e.V., http://www.fur.de/ra/startseite/

UNWTO – Welttourismusorganisation, http://www2.unwto.org

World Factbook – Länderinformationen der CIA, https://www.cia.gov/library/publications/the-world-factbook/

WTTC – World Travel and Tourism Council, http://www.wttc.org

Filme
»A Map for Saturday«
»Bis ans Ende der Welt«
»Das Salz der Erde«
»Gringo Trail«
»Into the Wild«
»Lisbon Story«
»Palermo Shooting«

Deutscher Menschenrechts-Filmpreis, www.menschenrechts-filmpreis.de

Der Filmwettbewerb TOURA D'OR des Studienkreises für Tourismus und Entwicklung prämiert internationale Filmproduktionen, die einen nachhaltigen Tourismus vermitteln. www.tourador-contest.org

Konferenz der Landesfilmdienste in der Bundesrepublik Deutschland e.V., www.landesfilmdienste.de

Informationen zu Entwicklungs- und Schwellenländern
Informationen bzw. Institutionen, die sich mit Entwicklungspolitik und -zusammenarbeit sowie mit Tourismus in Entwicklungs- und Schwellenländern beschäftigen finden Sie unter: www.sympathiemagazine.de

Internationales Radio
Deutsche Welle, www.dw.de

Funkhaus Europa, www.funkhauseuropa.de

Multicult Radio, www.multicult.fm

Radio X, www.radiox.de

Jugendaustausch/Volunteer Tourism
ConAct – Koordinierungszentrum Deutsch-Israelischer Jugendaustausch, www.conact-org.de

Deutsche Kultur International – Auswahl wichtigster Austauschprogramme und Jugendwerke, www.deutsche-kultur-international.de

Deutsch-Französisches Jugendwerk, www.dfjw.org

Deutsch-Polnisches Jugendwerk, www.dpjw.org

IJAB – Fachstelle für Internationale Jugendarbeit der Bundesrepublik Deutschland, www.ijab.de

Internationaler Jugendfreiwilligendienst des Bundesministeriums für Familie, Senioren, Frauen und Jugend, www.bmfsfj.de

Kulturweit – Freiwilligendienst des Auswärtigen Amtes sowie der UNESCO, www.kulturweit.de

Stiftung Deutsch-Russischer Jugendaustausch, www.stiftung-drja.de

Tandem – Koordinierungszentrum Deutsch-Tschechischer Jugendaustausch, www.tandem-org.de

Weltwärts – Entwicklungspolitischer Freiwilligendienst des Bundesministeriums für wirtschaftliche Zusammenarbeit und Entwicklung, www.weltwaerts.de

Länderinformationen für Reisende
Auswärtiges Amt der Bundesrepublik Deutschland/Botschaften, www.auswaertiges-amt.de

Die Fremdenverkehrsämter der jeweiligen Länder geben Auskunft. www.fremdenverkehrsamt.com

SympathieMagazine – 48 Länder-, Religions- und Themenmagazine, www.sympathiemagazine.de

Hinfahren oder nicht hinfahren?

***Amnesty International** und die Menschenrechtskommission der Vereinten Nationen benennen jedes Jahr Länder, in denen Menschenrechte verletzt werden. Das sind viele. Als Devisenbringer und durch die Anwesenheit von Urlaubern kann der Tourismus die Regierungen solcher Länder und deren Handeln in der Tat politisch und wirtschaftlich stützen.*

***Was also,** wenn man seinen Urlaubstraum in einem Land verwirklichen möchte, von dem bekannt ist, dass dort Minderheiten unterdrückt oder Oppositionelle verfolgt werden, dass man Dissidenten vertreibt, einsperrt oder gar foltert und »verschwinden« lässt, dass man Menschenhandel mit jungen Frauen und Kleinkindern betreibt?*

***Nicht hinfahren?** Ist zumindest eine Überlegung wert! Würde ich mich in einem solchen Land überhaupt wohlfühlen? Wäre meine persönliche Sicherheit gefährdet? Würde ich ein Unrechtsregime stärken oder durch meine Reiseausgaben wirtschaftlich unterstützen?*

***Oder doch hinfahren?** Um mir ein eigenes Bild zu machen? Um betroffenen Menschen durch meine Anwesenheit zu helfen oder deren Widerstand gegen das Unrechtsregime zu stärken? Um mich nach meiner Rückkehr persönlich zu engagieren? Eine Initiative zu unterstützen, die auf die Lage im besuchten Land öffentlich hinweist? Nachrichten, Fotos und Berichte über Missstände können durchaus dazu beitragen, die Öffentlichkeit aufmerksam zu machen. Jeder kann für Menschenrechte eintreten, besonders wenn er sehenden Auges reist.*

Redaktion

Themenmagazin »Kinderrechte verstehen«, mehr unter: www.sympathiemagazine.de

Nachhaltig und respektvoll reisen
Bei den nachfolgend genannten Organisationen können Sie mehr über respektvolles und nachhaltiges Reisen erfahren.

akte – Arbeitskreis Tourismus und Entwicklung, Basel,
www.akte.ch

ECOTRANS – European Network for Sustainable Tourism Development Saarbrücken,
www.ecotrans.org

ECPAT Deutschland,
www.ecpat.de

Fachstelle Tourism Watch bei Brot für die Welt,
www.tourism-watch.de

FernWeh – Forum Tourismus und Kritik,
https://www.iz3w.org/fernweh/deutsch/index.htm

Ö.T.E. – Ökologischer Tourismus in Europa
www.oete.de
respect – Institut für Integrativen Tourismus und Entwicklung, Wien,
www.respect.at

Responsible travel,
www.responsibletravel.com

Studienkreis für Tourismus und Entwicklung e.V.,
www.studienkreis.org

Reiseblogs – die Top Ten
Follow your Trolley,
www.follow-your-trolley.com

Lilies Diaries,
www.lilies-diary.com

Morgenmuffel,
www.morgenmuffel.in

Nomad Earth,
www.nomadearth.com

Planet Backpack,
www.planetbackpack.de

Reisedepeschen,
www.reisedepeschen.de

Sonne und Wolken,
www.sonne-wolken.de

Teilzeitreisender,
www.teilzeitreisender.de

Travelita,
www.travelita.ch

Travel on Toast,
www.travelontoast.de

Die Informationen sind nach bestem Wissen und Gewissen erstellt. Eine Garantie für die Richtigkeit der Angaben wird nicht übernommen.

Stand: Dezember 2014

Auflösung Quiz S.41

Frage 1: Lösung B: Mönchen ist jeglicher Körperkontakt mit Frauen verboten, egal ob hübsch oder nicht.
Frage 2: Lösung A: Bei uns undenkbar, aber in China werden Feuerwerkskörper entzündet.
Frage 3: Lösung C: Manche behaupten zwar, der Wurm würde wie eine Droge wirken, aber es ist ein reiner Marketinggag.

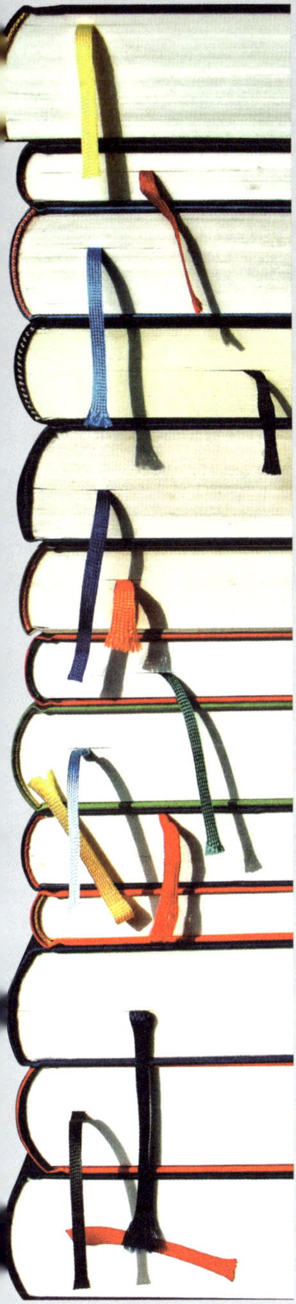

Literatur zu Urlaub und Reisen

Altmann, Andreas: »Reise durch einen einsamen Kontinent – Unterwegs in Kolumbien, Ecuador, Peru, Bolivien und Chile«
Bodrožić, Marica: »Mein weißer Frieden«
Bryson, Bill: »Picknick mit Bären«
Bundesministerium für Umwelt: »Abschlussbericht zu dem Forschungsvorhaben: Nachfrage für Nachhaltigen Tourismus im Rahmen der Reiseanalyse« www.reiseanalyse.de
Chatwin, Bruce: »Traumpfade«, »In Patagonien«
de Maigret, Caroline; Berest, Anne; Mas, Sophie und Diwan, Audrey: »How to Be Parisian«
Diome, Fatou: »Der Bauch des Ozeans«
Eberhardt, Isabelle: »Sandmeere«
Forster, Georg: »Reise um die Welt«
Heinrichs, Hans-Jürgen: »Die geheimen Wunder des Reisens«, »Der Reisende und sein Schatten»
Kermani, Navid: »Ausnahmezustand«, »Große Liebe«
Le Corff, Aude: »Bäume reisen nachts«
Leed, Eric J.: »Die Erfahrung der Ferne«
Mercier, Pascal: »Nachtzug nach Lissabon«
Nicholls, David: »Drei auf Reisen«
Piper, W (Hrsg.): »Willkommen – Gastfreundschaft weltweit«
Safranski, Rüdiger: »Wieviel Globalisierung verträgt der Mensch?«
Steinfeld, Thomas (Hrsg.): »Die Zukunft des Reisens«
Studienkreis für Tourismus und Entwicklung e.V.: »Meet-the-People«, »Tourismus in Entwicklungs- und Schwellenländern«, http://www.studienkreis.org/deutsch/publikationen/main_publ.html
Theroux, Paul: »Die glücklichen Inseln Ozeaniens«
Tourism Watch – Brot für die Welt: »Alles was Recht ist – Menschenrechte und Tourismus«, »Fair Reisen mit Herz und Verstand«, kostenlos unter: http://fair-reisen.brot-fuer-die-welt.de/
Trojanow, Ilija: »Der Weltensammler«, »Nomade auf vier Kontinenten«
Twain, Mark: »Die Arglosen im Ausland«
Ustinov, Peter: »Achtung! Vorurteile«
Wigge, Michael: »Ohne Geld bis ans Ende der Welt – Eine Abenteuerreise«

Historische Reiseliteratur
Eutiner Landesbibliothek,
www.lb-eutin.de

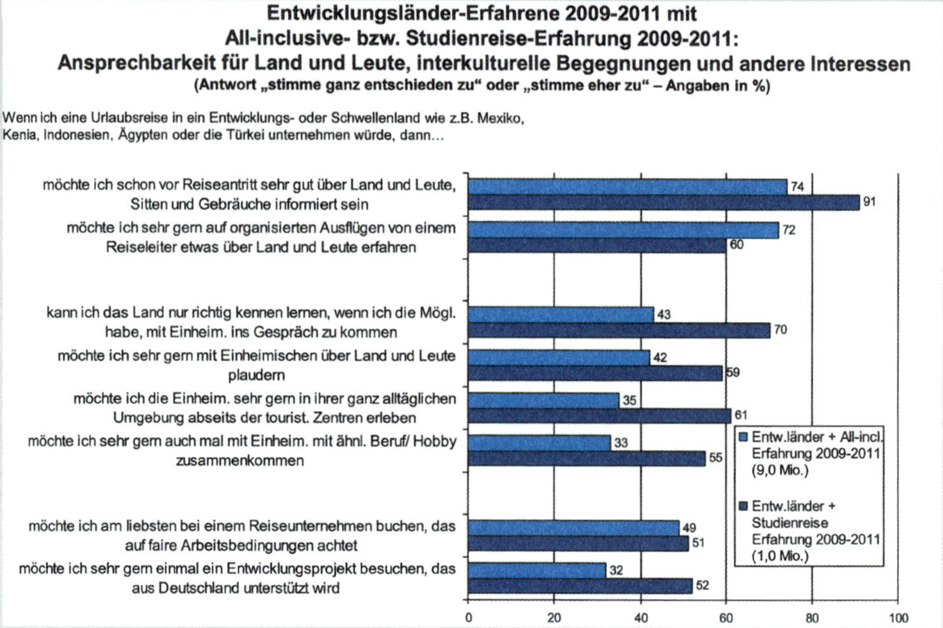

Datenbasis: Exklusivfragen des Studienkreises für Tourismus und Entwicklung e.V. in der Reiseanalyse

Das Interesse an sehr guten Informationen über Land und Leute vor und während der Reise sowie an Begegnungen mit Einheimischen ist je nach Reiseart unterschiedlich ausgeprägt: Personen, die im Zeitraum von 2009 bis 2011 eine Studienreise in ein Entwicklungs- oder Schwellenland unternommen haben, zeigen meist deutlich höheres Interesse als Personen, die einen All-inclusive-Urlaub gemacht haben. Dennoch: Selbst unter All-inclusive-Urlaubern bekundet mindestens ein Drittel Interesse an Begegnungen mit Einheimischen.

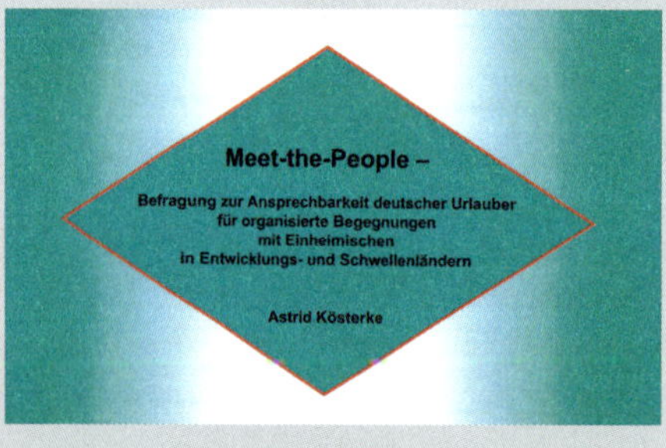

Die Studie »Meet-the-People« des Studienkreises für Tourismus und Entwicklung e.V. untersucht auf repräsentativer Basis (7.856 persönliche Interviews im Rahmen der Reiseanalyse) das Interesse der Deutschen an Begegnungen mit Einheimischen im Urlaub. Hierbei werden Kriterien des Meet-the-People-Programms in Jamaika zugrunde gelegt. Berücksichtigt werden u.a. organisatorische und finanzielle Bedingungen, unter denen man sich persönlich vorstellen kann, ein solches Begegnungsangebot zu nutzen.

Mehrwert mit sechs Sternen

****** **Das kennen wir alle:** Ein Ereignis, ein Erfolg, eine Freude klingen in uns nach, auch wenn die Sache selber längst passé ist. Solchen »Mehrwert« verschaffen sich erfahrene Reisende ganz bewusst, indem sie beobachten, fragen, zuhören oder auch bereit sind, sich selber durch andere Menschen und Umstände prägen zu lassen. Den Einsatz belohnt das Ergebnis: Die Reise wächst über ein Alle-Jahre-wieder-Ritual hinaus und wird zum Bestandteil der individuellen Lebensgeschichte.

****** **Schon an den Anfang einer Reise gehören Fragen:** Warum macht man sie überhaupt? Was zählt mehr, das Fortgehen oder das Ankommen? Oder vielleicht das, was ich nach der Rückkehr erzählen kann? Was möchte ich erleben, was nicht? Worauf freue ich mich?

****** **Wahrnehmung durch Filter,** Beobachtung mit Scheuklappen – so laufen wir häufig durch den Alltag. Für den erwünschten »Mehrwert« brauche ich aber Unvoreingenommenheit. Ich möchte ja entdecken und dazulernen. Kritisch kann ich trotzdem sein. Neugier ist immer gut: Was sind das eigentlich für Menschen in meinem Reiseland, was bestimmt ihren Alltag, an was freuen sie sich? Was gefällt mir an ihrem Leben, was würde ich selber anders machen? Wie begegnen sie mir, was wissen sie von uns, wie bewerten sie unser Auftreten, unsere Meinungen?

****** **Respekt vor dem Fremden** und vor anderen Kulturen ist unverzichtbar. Wenn ich andere Traditionen oder Religionen in erster Linie als Exotik begreife, kann ich mich ihnen nicht nähern, sie nicht angemessen beurteilen. Darauf kommt es mir aber an. Außerdem: Eigene Positionen und Gewohnheiten lassen sich im Kontrast zu anderen am besten erkennen. Respekt vor dem Fremden hilft mir also, auch über mich und mein Umfeld zu lernen und mich in der Fremde richtig zu verhalten.

****** **Fremdes kann aber auch befangen, unsicher machen.** Konsequenz: Man bleibt auf Distanz, versteift sich auf »bewährte« Ansichten und Überzeugungen. Eine verpasste Chance, das Fremde ein wenig zu entschlüsseln. Besser: sich einlassen auf das Unbekannte, zuhören, nachdenken, ausprobieren.

****** **Reisende haben Rechte,** aber wenn sie auf Privilegien pochen, missverstehen sie ihre Rolle. Ich bin letztlich nur einer von vielen Touristen, die ein Land bereisen.

****** **Unterwegs interessante Dinge einkaufen** – aber ja! Ich will dabei nicht übervorteilt werden, aber ich will auch keine unangemessenen Preise herausschinden, insbesondere nicht in Ländern, in denen Billiglöhne gezahlt werden. Nur faire Preise sichern die Existenz der Anbieter.

****** **Es gibt zauberhafte Länder mit abstoßenden Menschenrechtsverletzungen.** Ich muss nicht hinfahren, aber wenn ich es tue, gilt umso mehr: hinschauen, nicht wegschauen. Der Schutz der Menschenrechte ist zu wichtig, als dass er durch unsere Urlaubsinteressen vernachlässigt werden darf. Meine Einstellung gegen Diskriminierung, Unterdrückung oder gar Folter lasse ich mir durch einen Urlaub nicht abkaufen. Damit verletze ich auch kein Gastrecht.

****** **Ex und hopp** – irgendjemand wird sich schon um die leere Bierdose kümmern. Stimmt. Aber die Einstellung stimmt nicht! Wer Müll in der Landschaft entsorgt, wird sich auch um Energie- und Wasserverschwendung im Urlaub keine Gedanken machen. Ein respektvolles Verhalten gegenüber Natur und Umwelt lässt sich nicht in Ländergrenzen sperren.

****** **Im Urlaub** fühlt man sich in guten Händen bei Menschen, denen manche zu Hause eher ausweichen: Ausländern. Irgendwie schizophren, oder? Deshalb: Blickwechsel auch daheim.

****** **»Wer es im Urlaub wie zu Hause haben möchte,** der sollte eigentlich gar nicht verreisen.« Das hat mal ein Mensch mit Welterfahrung gesagt.

ÄGYPTEN ARGENTINIEN-CHILE BOLI
VIEN-ECUADOR-PERU BRASILIEN CH
INA COSTARICA-GUATEMALA-NICA
RAGUA ESTLAND-LETTLAND-LITAU
EN FRANKREICH GRIECHENLAND
GROSSBRITANNIEN INDIEN IRLAND
ISRAEL ITALIEN JEMEN KAPVERDE
KROATIEN-SLOWENIEN KUBA LIBA
NON MAROKKO MEXIKO MONGOLEI
NAMIBIA NEPAL PALÄSTINA POLEN
RUSSLAND SPANIEN SRILANKA SÜD
AFRIKA TAIWAN THAILAND TUNES
IEN TÜRKEI TSCHECHIEN USA VIET
NAM-KAMBODSCHA-LAOS BUDDHI
SMUS CHRISTENTUM HINDUISMUS
ISLAM JUDENTUM ENTWICKLUNG
GLOBALISIERUNG KINDERRECHTE
LAND&LEUTE TOURISMUS UMWELT...

E-Mail	bestellung@studienkreis.org
Telefon	08152-99 90 11
Fax	08152-99 90 166
	www.sympathiemagazine.de
Österreich	01-79 88 34 92
	www.suedwind-buchwelt.at
Schweiz	061-26 14 742
	www.fairunterwegs.org

Magazin-Preise

(inkl. MwSt., zzgl. Versand in D)

Stückpreis (bis 49 Exemplare)	€	4,60
Wunschschuber (5 Titel zur freien Wahl)	€	20,00
Religionsschuber (mit 5 Magazinen)	€	20,00
Sammelschuber (mit 45 Magazinen)	€	97,00
ab 50 Exempl. (zzgl. MwSt. u. Versand)	€	2,50

Aktuelle Preise im Internet.

Alle SympathieMagazine werden auf FSC®-zertifiziertem Papier und klimaneutral gedruckt.